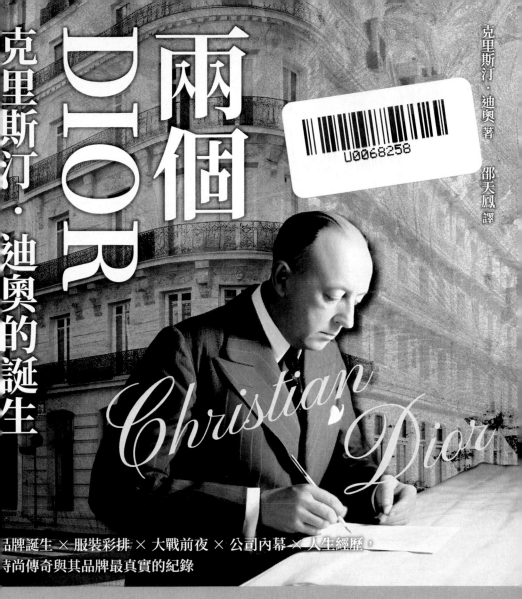

兩個

DIOR

克里斯汀・迪奧的誕生

克里斯汀・迪奧 著

邵天鳳 譯

Christian Dior

品牌誕生 × 服裝彩排 × 大戰前夜 × 公司內幕 × 人生經歷，
時尚傳奇與其品牌最真實的紀錄

傳奇服裝設計師**克里斯汀・迪奧**
也創立了同名品牌，更創造了**一個世代的時尚風潮！**

我將要對你講述的是兩個迪奧的故事。
一個是服裝設計師迪奧，1947 年在蒙田大街 30 號的迪奧公館『誕生』。另一個則是我迪奧本人。
服裝設計師迪奧已經成為很多流言蜚語裡的主角，我認為現在是時候讓世界知道一些關於他的真實故事了。

目錄

目錄

前言　兩個迪奧

　　書評家常把回憶錄的作者描述為「追憶似水年華的人」。我不喜歡這種說法，一方面是因為這其中指明了作者要去「追憶」，其次也暗指作者的過去已經消亡散去。對此，我得馬上作出聲明，我無須「追憶」那些「似水流年」，也並不摻雜任何虛假的懷舊之情於其中。我確信，我最美好的回憶仍在前來的路上，以致於我的那些所謂的「過去」仍是如此的年輕和生機勃勃。

　　畢竟，迪奧這個品牌目前只有十歲，對於我來說，更有意思的事情總會在明天的某個轉角上發生。

　　我將要對你講述的是兩個迪奧的故事。一個是服裝設計師迪奧，1947 年在蒙田大街[1]30 號的迪奧公館「誕生」。另一個則是我迪奧本人。為了講述這個年僅「十歲」的「設計師」的真實故事，我作為迪奧本人決定親自撰寫本書。服裝設計師迪奧已經成為很多流言蜚語裡的主角，我認為現在是時候讓世界知道一些關於他的真實故事了。

　　事實上我已經迫不及待地想要拿起筆來去記錄，因為我擔心一旦拖遝，便會偏離原來的那個設計師迪奧。在我看來，當一個人在他的學徒歲月裡，熱切地追求著自己的事

---

[1]　蒙田大街（Avenue Montaigne），位於法國巴黎第八區的名店街。

前言　兩個迪奧

業的時候，在任何自傳裡面，都是一個最讓人興奮的高光時刻。然而當這一頁奮鬥的篇章已經翻過去，當他進入到平穩的收穫期時，他就難以再去理解和複製當時曾經具備的那份澎湃激情了。

讓我不得不嘆息的一點是，在寫作這本自傳時，我的表達方式也許是與眾不同的。我帶著大家的疑問來寫作，用謙恭的態度來完成。然而，有一些讀者在閱讀的時候也許會報以一笑，認為這是一本自負的自傳，理由是這本書是關於我自己和我所經營的品牌的，也就理所當然的是一本自吹自擂的宣傳書籍罷了。似乎這樣一來，我就不能為自己理應有的自負來開脫了。讓我在此鄭重說明一下：在這本自傳裡，我只對自己掌握了第一手資料的話題展開討論和記述，由此確保文中內容的權威性。那些了解時尚的人，自然能夠領會我執筆寫作的本意。而那些對時尚沒有興趣的人，就不勞翻閱了。在我看來，對那些我所能寫作和發表意見之外的話題，比如抽象藝術和憲法改革誇誇而談，那才是真正的自負。而我的筆觸從不涉及這些方面。

對於怎麼樣掌握兩個迪奧之間的寫作分寸，我還不是很能拿捏得當。一個迪奧，是生活在公眾的眼皮底下的，另一個迪奧，是要保有自己的私人生活空間的。兩者漸行漸遠。在這本書裡，占據絕對主角地位的是服裝設計師迪奧。置身於蒙田大街華麗的建築群中的一家公館裡，他本人就是由人

群、服裝、帽子、皮草、襪子、香水、公眾消息、報紙照片等林林總總拼湊起來的一個化身。在這裡，還時不時地掀起一場小規模的、不流血的革命，武器是剪刀而不是刀劍，其反響延伸到了世界的各個角落。

也許我應該對服裝設計師迪奧，著以濃彩重筆，大書特書一番，而不讓我內心裡的那個迪奧在此登場。但這樣，也許有人就會有機會站出來，編造一些無中生有，或是混淆視聽的關於迪奧各種版本的個人故事。與其這樣，那倒不如讓我在這裡，給大家講一些和過往的傳聞中截然不同的迪奧的故事吧：我於 1905 年 1 月 21 日，出生在諾曼第的格蘭維爾鎮，我的父親亞歷山大‧路易‧莫里斯‧迪奧（Alexandre Louis Maurice Dior），從事製造業，母親是瑪德琳‧馬丁（Madeleine Martin），是一個家庭主婦。我是半個巴黎人，半個諾曼第人，雖然現在我很少回到諾曼第，但是對於故土的熱愛仍舊不減半分。我熱愛生活裡面簡單的事物，比如朋友間小型的親密聚會；我厭惡這個世界上的噪音和喧鬧，以及那些不可預知的突變。

我的同胞、作家福樓拜曾在法庭上大膽地為他筆下的人物辯護：「我就是包法利夫人。」而這位服裝設計師迪奧先生，讓我也置於一樣的處境，我必定用盡最後一口氣去為他辯護：「我就是迪奧！」無論我喜歡與否，我在本書中的那些夢想和希望都是透過迪奧來表達的。

第一部分
克里斯汀・迪奧品牌的誕生

第一章　我是如何成為克里斯汀・迪奧的

　　我人生最重要的一個特質，如果我不在開篇就給予說明，就太不感恩和真誠了，那就是我是一個交上了好運氣的人。在此，我也要向那位如此預測我命運的算命師鞠上一躬。

　　在我還小的時候，我就給自己算了一命。那是 1919 年，在我家附近有一個集市正在組織給士兵募捐。募捐活動上有各種形式的娛樂節目，我們小孩子或多或少都參與了一些。我把自己打扮成一個吉普賽人的樣子，把一個籃子用綢帶繫著掛在脖子上，販賣著護身符。當夜幕降臨，人群散去的時候，我發現自己不知不覺中站在了一個算命師的小攤旁，她也看見了我，說要給我看看手相。

　　「你會受窮的，」她說。「但是女人會給你帶來好運，透過她們，你會獲得成功。你會從她們那裡賺到大筆的錢，而且你將會到很多地方去旅行。」

　　那個時候，我完全沒有把她的預言當回事。儘管我認為這些都是胡扯的話，回家後我還是把這些都一五一十地告訴了父母。當時看起來，「你會從女人那裡賺到大筆的錢」的這句話含義模糊，現在看來，就再好解釋不過了。在當時，這個預言讓父母和我都如墜五里雲霧中。他們對白奴貿易的無知和他們對時尚的無知是一樣的。反正不久他們就會知道

我會投身到其中的一個事業中去。關於受窮的預言，他們覺得莫名其妙。至於會去各地旅行，則在家裡引發了一陣陣的笑浪。

「真不能想像克里斯汀是一個旅行家的樣子！想想他要去見一個小夥伴都會焦慮不安的樣子。」

我很想知道父母在 1945 年年底，我的事業正要開端的時候，還能不能認出我來。那時候的我，變化大得自己都認不出自己來。在呂西安‧勒隆（Lucien Lelong）先生那裡，作為一個時裝設計師，我快樂地在時尚世界裡面度過了十年的時光。那是一段真正輕鬆愉快的時光，我既不用負責把自己的設計付諸於生產，也不用負責銷售。隨著德國人撤軍，戰爭臨近了尾聲。最重要的是，我那流亡在外的姐姐回家了（有一位算命師，在我們家最絕望的時候，仍肯定地預測到了這一團圓時刻）。我生命中不愉快的這一章已經結束了，我又能夠再次自由地擁抱我摯愛的無名幸福生活。在我面前展開的，依舊是鮮活的、毫無瑕疵的生活篇章，我希望從此在上面書寫的都只是快樂的內容。

我的樂觀讓我暫時忘記了我們仍然生活在一場可怕戰爭的戰後時期。殘垣斷壁、破敗的鄉村、定量配給、黑市交易都是戰後的痕跡，就在身邊。還有那無太關緊要，但是卻能馬上引起我興趣的醜陋驚悚的時尚風格。帽子過於寬大，裙子下擺太短，外套卻又過長，鞋子也是笨拙的沉重……最可

怕的，莫過於額前頂著高高蓬起的亂髮，後面披著波浪捲髮的騎自行車的法國女人。

這毫無疑問就是「乍祖風格」，或者稱為半存在主義、半殭屍風格，源自於對占領部隊和維希政府經濟緊縮政策的嘲諷。由於物資缺乏，羽毛和面紗被上升到了旗幟的尊嚴高度，在巴黎流行著，有了革命的旗幟一樣的作用。但是從時尚角度來說，這種風格實在是醜惡。

只有一個戰時養成的習慣的消失讓我感到傷感：由於汽油短缺，我們無論去哪都只能步行，這些愉快的漫步時光會讓我們有機會碰上些朋友並肩而行，一路上長長的閒聊，交換一些閒言碎語——這也是我們先人的生活習慣啊，只是在我們之前，他們都沒有遇上戰爭，沒有意識到這樣也是一種幸福的存在。

正是在從聖弗洛朗坦大街溜達到我住的魯瓦亞勒大街的路上，我的命運開始顯現。我與一個很久不見的兒時小夥伴重逢，幼年時，我們曾在格蘭維爾的沙灘上一起玩耍。現在他是坐落在聖弗洛朗坦大街上的加斯東製衣店的主管，而且他也知道我做了時裝設計師。

他以誇張的動作宣布我們的這次的相遇是最美妙的一次偶遇。他的老闆瑪律塞勒·布薩克正打算徹底重組自己的公司，正在物色一位有能力的設計師來給公司注入新的生命力。難道我會不知道，這麼一個重大的任務需要一個萬裡挑

一的能人來做？我冥思苦想了好一陣子，還是遺憾地告訴他，我想不到任何一個合適的人選……我一直在想，為什麼我就沒有想到要毛遂自薦呢？

然而，命運不會讓我這般輕易地逃脫的。幾乎是在聖弗洛朗坦大街和魯瓦亞勒大街之間人行道上的同一個位置，我又再次遇到了這位朋友。他仍然在找那個「萬裡挑一」的人選，而我還是沒有毛遂自薦。

在我最終跨出決定性的一步前，發生了一個小插曲。皮埃爾・巴爾曼（Pierre Balmain），我在勒隆工作室的一個設計師同事辭職了，他另起爐灶，開了一家以自己名字命名的時裝公司，看上去非常成功。這讓我開始認真地思考自己的未來。我第一次意識到，我是否真的缺乏一些個人的雄心壯志。我在勒隆的工作室確實工作得非常開心，與每一個人都相處融洽，但我畢竟還是在為別人打工，為他人的想法和品味而工作。我對勒隆工作室的忠誠和責任感讓我無法自由地表達自己。

當命運在同一個地點，把我第三次面對面地帶到我的朋友跟前時，我已經下定了決心。在沒有意識到這是改變我命運的那一刻，我勇敢地說了出來：「我來做怎麼樣？」

開弓沒有回頭箭。

好不容易克服恐懼把這句普普通通的話說出口，我彷彿突然才預見到自己魯莽的自薦將會帶來的可怕後果。首先，

我要去會見這位大名鼎鼎的瑪律塞勒・布薩克，棉花工業董事會主席。這對於生性靦腆的我來說，這種會面之困難，好似一道不可逾越的鴻溝。不僅於此，我還要和一群對時尚一無所知的商人打交道。「生意」這個詞本身所帶有的險惡含義，也能讓我戰戰兢兢。最棘手的是叫「商務午餐」的東西。迄今為止，我對於午餐的聯想都還是僅限於對無限美妙食物的享受。眼下，我在第一次去見瑪律塞勒・布薩克先生之前，要和他的得力助手 M・法約爾先聊上幾句，把時間打發過去。

　　讓我感到放鬆的是，這位後來與我成為了好朋友的 M・法約爾先生不是那種穿黑夾克、條紋褲、把襯衫領子豎起來的人；他的馬甲口袋裡也不會塞滿了日程表、備忘錄、鋼筆，和我一樣，他也熱愛享受美食。他最棒的地方在於，不會去找那些刁鑽的問題考我，也沒在我回答的時候使絆。他高大、溫和、善良，說的話都很坦誠，並且竭力去讓我感到自在。難能可貴的是，他懂得欣賞女性的優雅，這得感謝他熱愛時裝的妻子娜丁・皮卡爾。無論在什麼情況下，法約爾都沒把我對商業的無知當成一種愚蠢的表現。而我也不希望被當成在艱難的世道中苦求生計的可憐人。

　　其實，我心裡很清楚，我就是那個「可憐人」。我花了很長一段時間來克服我內心中的這複雜一面。我很晚才進入到這一行來，其他人已經花了一輩子的時間去進行專業學

習，而我只有靠著靈感和直覺在摸索，所以我總是害怕靈感被玷污。也可能正是因為擔心自己永遠只是業餘水準，我下定決心，鞭策自己要拋開顧慮、創造出人們眼中的那個設計師──克里斯汀·迪奧。

當我和 M·法約爾道別的時候，我想我們都很滿意。我們一致同意，關鍵的第一步是我要對加斯東公司進行一次詳盡的參觀，為的是了解整個商業運作的過程。這樣一來，我就有堂而皇之的藉口去推遲做任何的嚴肅決定，推遲離開勒隆這重要的一天的到來。

三天之後，我來到了這家當時聲名顯赫的「菲力浦與加斯東」公司。在 1925 年的夏天，我還是一個學生的時候就來過這裡，記得我當時目瞪口呆地凝視著那些精美的服飾，這些都是金髮美人蓋特·迪弗洛喜愛購置的服裝。然而現在，我看到的是簡陋的「加斯東」款式，由於飽受戰時物資匱乏的困擾，雖然用皮草做了裝飾，但還是充斥著一種已經過時的氣息，我想這種情況很難得到扭轉。

我認真地把公司的情況從上到下檢視了一遍。然而打從一開始，我就確信瑪律塞勒·布塞克先生想要讓加斯東恢復昔日輝煌的想法，無疑是浪費時間和金錢。在我之前，已經有太多人想讓這個時裝品牌起死回生，但都以失敗而告終。建立一個設計工作室要承擔起相應的風險，它的壽命常常比運作工作室的人的壽命還要短。當我想到這其中包含的種種

風險，心裡就不由得一沉。這其中要清除的障礙太多，包括那些對此已經習以為常，對一切改變都予以抵制的老員工。簡言之，在這個以真正的原創為要旨的產業裡，是不可能去進行「新瓶裝舊酒」的操作的。當我從加斯東走出來後，我就知道自己不是那個能夠把死馬醫活的人。絕對不可能。

我必須承認這種情況讓我暗地裡鬆了一口氣，再也不用硬著頭皮去跟勒隆辭別了，也不必強迫自己對做生意感興趣了。我又可以沉浸到我幸福的小世界裡，那裡是我情感的歸屬，在經歷了這麼多年的動盪之後，我已經做好準備要徹底安頓下來了。

第二天我心情輕鬆地來到棉花工業董事會，因為我知道這次會面不會帶來什麼改變，我會禮貌而堅定地拒絕布薩克的邀請。當我到達的時候，發現布薩克先生已經在等我，我立刻對他和他的辦公環境產生了好感。這裡有大量的書籍，一些漂亮的帝國傢俱，一張放著銅製賽馬的桌子擺在屋裡顯眼的位置上，桌子後面的牆上掛著一幅羅馬的水粉畫。

這位著名的企業家就坐在屋子中間。中等身材，身型健碩，方正的臉上帶著堅毅的神情。言行舉止呈現出一派幹練的作風，臉上真誠的笑容點亮了原本嚴肅的表情。當我和他面對面坐下，我內心的真正想法突然被喚醒了。在我眼前的是一位名聲在外的金融家，亦是一位富有文化內涵而又博識的聰明人。而且我知道他已經認了讓娜・卡蒂勒・門德斯夫

人為母，還娶了范妮‧海勒蒂，一位我很敬仰的歌劇表演藝術家為妻。很顯然，他的興趣非常廣泛，絕不僅限於錢和賽馬這兩個我不了解的領域。我想我們倆會合作得很愉快。

　　內向的人往往會說出唐突的話。我突然不由自主地告訴他，我真正想做的並不是復興加斯東，而是在我選擇的區域裡，開一家以我自己的名字命名的時裝工作室。我想要這間工作室裡的每一樣東西都是全新的，從員工的妝容到傢俱所呈現出來的精神，甚至是工作室的選址。生活將為我翻開全新的一頁，是時候誕生新的潮流了。我大著膽子描繪夢想中自己的工作室的樣子。它小而幽靜，工作間不多，但是裡面的工作都按照時裝產業裡最高的傳統標準完成。所有的衣服都是簡潔的設計，實際上卻蘊含著精細的做工，目標客戶是那些真正的時尚女性。經歷了戰爭年代的發展停滯，整個世界都在醞釀著對暴發新的時尚潮流的渴望。為了滿足這種需求，法國的設計師應該回歸到奢侈品設計的傳統中來。這就是我把這個工作室設想為一家匠人的工作室，而不是衣服工廠的原因。

　　我陶醉於自己的憧憬之中，一刻不停地說，差點喘不過氣來。瑪律塞勒‧布薩克耐心地聽完了我所有的設想。在把我送到辦公室的大門之前，他告訴我，儘管我的計畫和他之前的構想迥異，實施起來也確實需要些魄力，但是他還是表達了對我的計畫的興趣，需要認真考慮一下再答覆我。我馬

上感受到他對我的自信感到有點驚訝。而我回想起來，也對自己的表現感到震驚，明明我此行是來拒絕他的邀請的，結果卻拋出了一個聽上去像是接受了邀請的新計畫。

在忍受了幾天的煎熬之後，布薩克公司向我表達了對計畫的確切興趣。可這下我卻又害怕它變成真的，我要把將要離開的消息告訴勒隆，要知道，勒隆與瑪律塞勒・布薩克先生私交甚好，那麼，我到底要把自己擺在一個什麼位置上？

但是我已經沒有退路了。我已經不能一筆勾銷那些和布薩克集團進行了的切實的談判。當我們開始對商務執行的細節進行布置的時候，出現了很多意想不到的困難。我的不情不願，倒不是因為我有多麼的自負，而是我在內心深處想找藉口逃避這一切。在這種惶恐的狀態之下，我發了一封電報取消了所有談判。

在這個節骨眼上，我去拜訪了德拉艾夫人，她就是那位堅定地預言了我流亡的姐姐一定會與我們團聚的算命師。

她嚴厲地命令我立即接受布薩克的邀請。「無論如何，你都要創建克里斯汀・迪奧工作室，」她告訴我：「再也不會有人能夠提供給你比這個邀請更好的機會了。」

看見她對我的未來如此的堅信篤定，我低下了頭，以示虔誠，或者更確切地說，我服從這不可抗拒的命運。

我給 M・法約爾打了一通電話，簡單地解釋了一下之前那份要求取消的電報，希望這不會造成什麼影響。會談還是

如期進行。我不情願合作的境況終於被終結。事實也證明了與 M·法約爾達成協議是件出乎意料簡單的事情。

　　我鼓起勇氣去把要離職的事情告訴勒隆。不過在此之前，我得先找雷蒙德夫人談談。正是她把我介紹給勒隆的。我們也成為了摯友，就像我的守護天使一般，過去她常常給我出些好主意。在我和布薩克集團商談前的一段時間，我就暗示過她想要離開、創辦新設計室的想法。她也已經下定了決心隨我而去，幫助我打理新的企業。出於對於我的關切，而不是為了她自己，她還拜託一個朋友去諮詢一個隱士，一個人稱「老祖母」的預言家，去預測關於我所創辦的公司的未來。

　　這位「老祖母」在看到我信手潦草而成的幾句並沒有實際意義的書寫之後，欣喜若狂。

　　「難以置信！」她尖叫道。「這個設計室將會引發時尚革命！」

　　她給我們描繪了如此眩目的未來，以致於我們都不敢相信。「老祖母」的預言，加上之前算命師的話，給予我足夠的驅動力去向勒隆先生告別。儘管勒隆先生對我的發展有著很多的許諾，更不用說我對勒隆的深厚感情，至此，我還是決意離別。雷蒙德夫人與德拉艾夫人表示支持。只是我還需要為勒隆再做兩個系列的設計，以便培訓好我的繼任者。

　　對於勒隆先生，他對我辭呈的理解和善意寬容，我自是

感激不盡。當我們分別的時候,一切都非常妥當順利,唯一的難捨,反而是遺憾離開了這樣一個讓我獲得長期寧靜幸福的地方。

當我把離職的決定告訴親友和慷慨的雇主之後,尋找一個合適的設計室成為我心頭上的一大難題。我知道這應該是一個怎麼樣的工作室,它就是我向瑪律塞勒・布薩克描述時的那個樣子,但我不知道去哪裡尋找它。在和布薩克這次關鍵性會面的多年前,我曾經在蒙田大街的 28 號和 30 號兩幢小房子前短暫駐足。那個時候,我的朋友皮埃爾・科勒,一位藝術品商人,正和我一起,我對他說,喜歡這兩幢小房子的潔淨、緊湊的比例、清爽優雅的氣質,毫無粗鄙的炫耀之色。在這兩幢緊靠著的房子之前,皮埃爾第一個向我建議,何不籌集資金,建立起一個以我的名字命名的時尚公司。我當時開玩笑地回應他:「皮埃爾,來日你的建言若是能成真,我必定將在此展開新事業,不做他選。」

然而,現在已經是 1945 年的年末,這兩幢小房子應該早就有了歸屬。起初,我找到房屋仲介,他們給我推薦了一大堆房子,全都是在香舍麗榭大街的同一個區域。他們推薦的房子都很漂亮。其中一棟在法蘭索瓦一路,後來被芒甘夫人買了。另一個在馬提翁大街,非常大,現在是我的好朋友及同事讓・德斯的物業。我沒辦法決定要哪一個房子。因為兩者都不是我向布薩克描述過的那種規模適度的房子,它們也

都不是我想要的那種房子。與此同時，我並沒有時間去拖延做決定了。

　　我就是這樣，拿不定主意。如果優柔寡斷對運作一個企業來說是個致命的缺點，所幸，這種情況也還不至於糟糕到要關門大吉。

　　這個時候，有人無意中說道：「如果你在這一帶找房子，為什麼不試試到蒙田大街去看看呢？在 30 號房子裡面的那個帽店要關張了。」

　　當然，在我發現屬於我的那個房子現在正在向我張開雙臂的時候，克里斯汀‧迪奧之家就在實現的路上了。

第二章　臨街旺鋪

對於我來說，做自己的老闆，與其說是能夠為所欲為地做開心的事情，倒不如說面臨的最急切的問題是要為自己的冒險事業走出一條成功的路子。現在的我，要為整個克里斯汀・迪奧之家的前途負責，我很樂意把行政工作的種種細節留給布薩克集團處理，畢竟他們是背後的大金主。

然而無論是行政效率，還是財政支持，都不能保證事業的成功。我的創作才能才是關鍵的成功因素。想要在這場時裝界的「剪刀大戰」中獲得勝利，我需要一流人才的支援。我已經有了雷蒙德夫人的加盟，她恬靜的外表下，隱藏著敏銳的警覺，對每一個流行趨勢都保持敏感。雷蒙德夫人變成了第二個我，更確切地說，她是我的另一半。她填補了我的缺陷。當我充滿奇思妙想的時候，她保持理性。我想像無邊的時候，她井然有序。我是自由，她就是紀律。相對於我的魯莽，她有著先見之明。她知道怎麼樣在爭論的時候保持一種和諧的氛圍。她的身上具備有一切我窮其一生都未能獲得的判斷。正是她帶領著我，這個時尚界的學徒，在錯綜複雜的時尚世界裡面成功邀遊。

在我的公司裡面，很難為雷蒙德夫人一個確切的角色定義，她是無所不能的，她把她珍貴的觸感和溫暖的人格魅力融入到每一件事情裡面。沒有任何事情能夠逃離她那雙會說

話的藍色眼睛。

　　還有布里卡爾女士，她是慕尼麗絲的得力助手。我們也成為了朋友。布里卡爾女士是那種只是為了優雅而存在的人，像這樣的人已經越來越少見了。麗茲酒店窗外的一切，諸如政治、金融或是經濟變化，她都不在乎。八月的時候，她會到時髦的度假勝地去度假，前提是那裡配置了豪華酒店和賭場。相比鄉土之情和大自然之美，她更沉浸於用鮮花來裝飾自己的帽子和衣服。她對時尚的高標準要求從不放鬆。她認為在時尚界裡，能夠把那些說不清道不明的，甚至是被輕輕忽略掉的元素直接鮮明表達出來的，才能稱得上時髦精。

　　布里卡爾女士有一套放諸四海皆準的優雅理念。她突出的性格，無比奢侈的品味，深深地薰陶了我，很好地調和了我身上繼承自諾曼先人的那種略微簡樸、冷靜的脾性。她在公司裡面是一個非常特別的存在，她的那些回應，無論是支持還是反對的，都能夠激發我的創意。她對傳統的高級時裝有著深刻的見解，並且從不妥協。在我們這個冷漠的時代裡，人很容易就會變得垂頭喪氣，她正是我最佳的興奮劑。布里卡爾女士的對優雅傳統的捍衛，正是我座右銘「不忘初心」的寫實。

　　我還需要一些人來幫助我實現這個「辦公室白日夢」，透過他們，我的夢想會以衣裳的形式實現。我很幸運地遇到

了瑪格麗特女士。作為一名設計師，她在喬治‧熱弗魯瓦的工作室以及帕圖公司工作過。她本人就是高級女裝的化身。她就如同雷諾瓦的色彩一樣精緻。這些年來，她成為了我的一部分，請允許我這樣說，她成為了我作為「女裝裁縫」的一部分。既衝動又頑固，時而急性子，時而又沉得住氣，她的滿腔熱情都傾注在工作上。當她沉浸在一件衣裳的工作裡時，我敢說即便是世界末日到來，她也不會有所察覺。

她就像是不知疲倦的珀涅羅珀（指希臘神話裡的珀涅羅珀；奧德修斯的忠實妻子；丈夫遠征 20 年，其間她拒絕了無數求婚者），她的完美主義驅使她總是去追求最美好的境界。她會縫了，又拆，剪了，又再剪，反反覆覆，在她眼裡衣裳總是還做得不夠好。周圍的人也都被迫投入到這種忘我的境地，包括我自己，但她還是不滿意。她的熱情隨著一個系列的作品接近尾聲而更加高漲。在做了二十次的「最後修改」之後，這種熱情達到了它的頂峰，這樣做出來的服裝，我們都不得不驚嘆是驚為天人。

瑪格麗特女士正是我渴求的人，她對時裝的熱愛與我無異。她那個時候還在帕圖公司工作，是公司的頂梁柱。幸運的是，想要改變工作環境和前景的想法，以及儘管她對服裝設計其實已經造詣頗深，但內心中仍有對於想要學習更多服裝設計藝術的熱切追求，促使她加入了我的團隊。為了突出她作為整個公司的工作室負責人的地位，我為她特別設立

了技術指導這個職位，這樣她的管轄範圍就觸及整個迪奧之家，而不僅僅限於某一個工作室內。

　　為了更好地解釋清楚她新職位的角色，我必須為大家簡單描述一下一戰前的時裝業歷史。打個比方，在帕奎因和杜塞的時代，時裝設計師更像電影的製片人，他們的角色是去實現別人的想法。而今天的時裝設計師就相當於戲劇導演。當然他們要有準確無誤的識別力，來挑選由工作室生產出來的平紋細布模型。那些到各個工作室去展示自己作品的自由職業設計者，還只能被稱為製版師。一件時裝的製作，是經由無數的手來完成的。裙子、袖子和緊身胸衣都由不同的人來操辦。整個系列的時裝是由很多個不同的工作室和設計師的作品組成，並且都是在嚴密的監管之下完成的。只有依靠工作室領袖的個人品味，才能把這些服裝的風格統一起來，不然整個系列就像是一個奇形怪狀的異質組合。一件時裝的成功仰仗於工藝的品質，講究細節，材質的完美則是最為重要的一筆。不像今天，那個時候的時裝設計實際上好幾個季度都保持一成不變。

　　在這樣的系統裡面，本世紀初的時裝工作室之間其實鮮有差別。為了給時裝加入一點原創性，他們就會為精緻的工藝再加上裝飾——滾邊、珠子、刺繡、蕾絲、皺褶。這樣能夠讓剪裁一致的版型具備自己的獨特性。讓我們想像一下，每一個顧客都想要一件獨一無二的服裝。朋友 Y 夫人

炫耀過的衣服，X 夫人當然不想步其後塵。最重要的是不能
和那個名聲不好的名媛 Z 夫人撞衫，她的事情總是成為城中
茶餘飯後的話題。因為沒有辦法為每一個女士設計一款不同
的服裝，只好在基本設計不變的情況下，去做出各式各樣的
裝飾。

　　直到保羅‧普瓦雷（Paul Poiret）的到來，改變了這
一切。

　　儘管由於經營不善，他在晚年的時候陷入貧窮，而這位
偉大的藝術家在創意和裝飾方面的才華卻是出類拔萃。在他
自立門戶之前，他是杜塞的設計師。他總是讓布料發揮自身
材質的特質，把布料輕輕地垂懸在模特兒的身上，而絲毫不
去擔心是否會垂落到地上。他大膽應用布料的色彩，然後這
一刀、那一刀地剪裁，再稍微別上幾處，一件衣服的設計就
差不多成型了。

　　他在草圖上展現出來的大膽曲線，就像是波爾蒂尼
（Giovanni Boldini，義大利畫家，擅長創作人物肖像畫。作
品表達流暢，酣暢淋漓地刻畫出人物或場景）的畫中表現的
那樣，是一種充滿活力的作品。而他的前輩的那些過分裝飾
的服裝只是一種小心翼翼的臨摹。裝飾品和繁複的針腳已經
被淘汰；伊里巴（法國時裝設計師）的新粉色取代了蓬皮杜
的粉色。亮片的出現，反映出強烈的東方元素的影響，從此
18 世紀風格的錦緞不再流行。

　　早在激發普瓦雷的靈感之前，薩拉‧貝納爾（法國舞臺演員，曾出演 19 世紀末 20 世紀初最受歡迎的法國戲劇）和俄羅斯芭蕾演出就先後引領過一股東方和波斯元素的風潮。藝術家們彷彿已經預見到了一戰帶來的摧毀性影響，忙著給每一件事情帶來革新。埃勒與波爾蒂尼的女人們正樂呵呵地把襯裙套在身上，把蹣跚裙棄置一邊；立體主義的誕生並未受到任何關注。穿著緊身胸衣、姿態拘謹的女人，換上了精巧優雅的內衣鉤環。無論是土耳其宮女還是東方傳說裡的神聖公主，都成了時尚界的理想所在。穿著巴克斯特（Lev Samoylovich Rosenberg，俄羅斯畫家）式服裝的伊達‧魯賓施泰因（俄羅斯著名芭蕾舞演員）是這一時尚概念的最佳詮釋者。

　　1912 年的巴黎簡直就是普瓦雷的後宮。他本人就是時尚王國裡至高無上又仁慈的蘇丹。然而東方主義已經開始沒落。聲名狼藉的福爾贊只願意保留她的阿富汗獵犬這一點點的東方元素。保羅‧奧里韋、馬蒂、勒帕普，所有這些與呂西安的時尚雜誌相關的藝術家，都為執政內閣時期風格而瘋狂。這一風格隨後與拜占庭風格、巴格達風格、立體主義和野獸派一起組成了 1925 年著名的裝飾藝術風格。

　　是瑪德琳‧薇歐奈（Madeleine Vionnet）和讓娜‧朗萬（Jeanne Lanvin）真正改變了服裝設計師這個職業的內涵，她們用自己的雙手和剪刀來實現自己的設計系列。服裝樣品

成了一個整體，裙子、胸衣終於都按照一個統一的原則來剪裁。薇歐奈沿著這個方向創造了奇蹟，她是一個運用面料的天才，還發明了著名的斜線裁剪法，讓兩次世界大戰期間的女士服裝更加輕柔舒適。並且時裝也開始看重裁剪了。

這是一個屬於偉大女裝設計師的時代，其中的佼佼者是香奈兒小姐。在時裝界占據一席之地的她，竟然聲稱自己連針線都不會用，但這也無法阻擋她的驕傲。她的性格和她的品味一樣，有自己的風範、優雅和權威性。她和瑪德琳・薇歐奈，從各種不同角度來說，都是現代時尚的締造者。

在很長一段時間裡，時裝都是由匿名的手工業者所製作，時至今日，時裝設計已經成為一種個性的表達：它展現了設計室裡總設計師的創意。這也許能很好地解釋，為什麼在今天對服裝的設計和其設計師的討論，比以往任何的時期都要多。

話又說回瑪格麗特女士，以及我為她設立的特別新職位。作為總設計師，在經營方面，沒有人會對我的工作指手畫腳，但我還是需要有人幫忙看著技術方面的問題，也就是說，得有人去監督所有的工作室。領班和員工們能夠製作出令人稱道的細緻手工活，但是她們有著天然的局限性，無法抽離出自身的工作環境。瑪格麗特女士作為我的技術總監，被賦予了獨立的管理視角。以我的設計為藍本，她監管執行的過程，在把樣衣呈現給我之前，把紙樣中的錯誤一一糾

正。在這個基礎上，我只要對衣服做出一些個人調整即可，也就是去針對個別服裝，放大強化那些我構思出來的原創風格。

隨著事業的擴張，瑪格麗特女士身上的責任變得過於沉重，我開始尋找第二個技術指導。雷蒙德常在我面前對林策勒夫人讚譽有加，讚賞她對服裝的理解力。機緣一到，她就加入了我們。我交給她林林總總的工作，最後給她定下來的任務，是確保樣衣在從工作室到顧客提出的需求的這個過程中，保證其風格和品質不變。她冷靜的外表和銀絲頭髮，對於裁縫師們來說是一種需要服從的權威。她能夠讓最優柔寡斷的顧客對我們的時裝充滿信心。

為工作室物色合適的裁縫師就像是一個尋寶的過程。就在這時，一個不速之客，帶著從黑市賺來的錢，向我們買了一大堆東西。應付完這位客人之後，我們終於找到一個技術和知識經驗都很匹配的員工。我已經準備好向 M·布薩克引見我的核心團隊了。

我坦率地告訴他，我所建議的公司規模，和它所容身的小建築相比要大得多。我們時裝的客戶群是相當精選的。追求完美是我們的目標。我需要有一流的人才來幫助我實現它。所幸 M·布薩克也意識到與他合作的這個人，是一個一絲不苟的工匠，而絕非一個自大狂。

當迪奧之家開張的時候，在蒙田大街 30 號有三間閣樓

作為工作室。一個狹小的工作間，一間用來展示服裝的沙龍屋子，一間為模特兒們留的房間。一個辦公室，六個小試衣間，以及一共六十名員工。

　　根據我們的總協定，我不涉及業務單純行政方面的內容，這方面的事務由雅克·魯埃負責，我頓感輕鬆。雅克·魯埃之前並沒有在時尚界工作的經驗，但是我喜歡他，並且從一開始就對他充滿信心。他的存在能夠讓我的空中城堡有一個堅實的基礎。在我們第一次見面的時候，我曾告訴他，他的工作將會非常的鬱悶和困難。當工作室亂了套的時候，他要能夠維持秩序。當有人爭吵的時候，他要挺身而出，當個和事佬。我給他描繪了一個裁縫所能製造出來的各種混亂場面。

　　所幸作為一個諾曼人，雅克·魯埃天生的敏感性讓他有能力避開那些由裁縫師、工人、模特兒、店員、記者、顧客，各色人等鋪設下的種種陷阱。他有本事做到取悅所有這些迷人又苛刻的女士，但又不必過分妥協，與此同時還表現出很享受這份工作。好幾個月裡，為了剛剛建立且又迅猛發展的公司，他日夜勞碌，把行政工作做得井井有條。

　　在把創意和行政方面的事情處理好之後，同樣重要的銷售和宣傳工作也要兼顧起來。負責銷售的最佳人選是蘇珊·盧林，她來自我的家鄉格蘭維爾。現在她是時尚界無人不曉的人物。新創立的迪奧之家是她進入到時尚界的大門。此

前，她在女帽店裡所做的宣傳工作，已經為她贏得了名聲。提起她，要用到原子時代的詞彙。有活力，這樣的詞彙用來形容她還是顯得太弱。說她很有爆發力，也僅僅是一個勉強合適的描述。沒有人見過她無精打采的樣子，總是神采奕奕，讓人為之一振。當店員們士氣低落的時候，她能讓大家重整旗鼓；顧客無理取鬧的時候，她總能處理得妥妥帖帖。她的樂觀開朗、熱情和通達人情感染了我們每一個人。

　　我深知這個年代是一個宣傳的年代。恰逢其時，一個名叫阿里松‧伊里亞德的美國年輕人迫切地想要到法國來定居。美國人對於宣傳是最在行的，簡直可以說是宣傳的代名詞。於是我把阿里松‧伊里亞德招至旗下。在避免過度宣傳和能夠引發話題之間，他拿捏得當，表現出優異的工作能力。在迪奧之家創立初期，有一個廣泛流傳的誤會，有人認為我們在宣傳上面花費了大量的金錢。恰恰相反，在我們第一份有限的預算裡，沒有一分錢是用在宣傳上面的。我相信我們衣服的品質足夠優質到讓人口口相傳。況且，我們工作室保密的工作氛圍已經引發大眾的竊竊私語，這其實就是一種一流的免費宣傳。比起世界上那些花費最昂貴的宣傳活動，八卦傳聞、甚至是惡毒的謠言所能產生的宣傳效果可要大得多。

　　另外一個來自格蘭維爾的老朋友也來到眼前，謝賴格‧埃夫特萊‧盧伊什在迪奧之家正式開張之前，就建議我要同

步發布克里斯汀・迪奧系列香水。他在這個領域經驗豐富，加之我們深厚的友誼，讓我當下就同意了這個提議。漸漸地越來越多的老朋友想要加入我的事業當中來，我才欣然地發現，在家鄉，我已經成為了受人尊重的少數幾個能人之一。

我所聘請的第一個銷售店員，妮科爾・里奧托，也是格蘭維爾人。在家鄉的時候，她待我就像親姐姐一樣。我很高興見到這麼多老朋友歡聚一堂。和年幼時一起野餐、釣魚探險和開槌球派對不一樣，我們現在共同面臨一個很不一樣的挑戰。

還有許多把命運投注在迪奧之家的銷售店員。她們有的在戰爭期間被迫離開巴黎和時尚界後就再也回不到 1939 年雇用她們的那些工作室，轉為成為迪奧之家的「創立成員」，是迪奧之家的頂梁柱。在此，我以感激之情和無比的愛意來念出她們的名字：伊馮娜・拉熱，她把個人魅力和敏銳的商業敏感很好地糅合在一起；蘇珊・貝甘，她繼承了梅因布徹（由美國時裝設計師梅因布徹於 1929 年創辦的一個時尚品牌，在巴黎和紐約都獲得了巨大成功）的偉大傳統；熱爾韋夫人，對義大利的各種方面都瞭若指掌；德・塞貢扎夫人和朗西安夫人，社會經驗豐富，很快就成為獨當一面的專業銷售人員；最後一個是德・納巴特女士，我的格蘭維爾老鄉，離開了香奈兒加入到我們第二季的時裝銷售中。

找到合適的模特兒從來都不是一件特別容易的事情，尤

其是時機很重要。由於起初的招募不如意，沒有找心中所想的那一類型的模特兒，絕望之下，我在報紙上刊登了招募廣告。這回我像「砸中了彩蛋」一樣，適逢一條新的法律正在強制很多巴黎的妓院關張，大量的妓女因此失去了日常的營生，正設法尋找一些常規的工作機會。因此那些讀了我的廣告的女士欣喜若狂，在她們的設想中，在蒙田大街上的這幢小房子裡開設的低調服裝公司的大門之後肯定窩藏著一些更為聲名狼藉的交易。在那些招聘期間，儘管那時我的工作室已經在正常運作的軌道上，還是被這些不明所以的女士湧入、侵占了。負責這次招募篩選工作的雷蒙德夫人簡直被嚇壞了，思忖著怎麼樣才能解決這個問題。我決定親自去見她們所有人。從圖盧茲・洛特雷克開始，我幾乎面試了每一個在巴黎失業的風華正茂的女孩。其中幾個的樣貌是非常的出挑，但沒有一個的容貌是正合我的心意的。

作為一個時裝設計師，最重要的事情是做正確的事情。我發現自己在眾多的選擇當中迷失了。直到一個羞澀又迷人的年輕女孩的出現，她的與眾不同讓她脫穎而出。她叫瑪麗・特雷莎，之前做的是祕書工作，她成為我們最好的模特兒之一。

經過這次教訓，我決心不再冒險到報紙上去登第二則招募廣告了。我發動員工們運用他們的途徑去尋找在開幕典禮上需要的那五個女孩。最終我的模特兒隊成型了，她們是諾

埃勒、波勒、約朗德、露西爾、塔尼亞和瑪麗・特雷莎。這些女孩將演繹服裝的「新風貌」，她們優雅的旋轉臺步將引領模特兒界的新風潮，這也都是後話了。

　　當所有事情都準備就緒的時候，已經是 1946 年的七月了。我把迪奧之家開張的日子定在 12 月 5 日，並且打算在 1947 年春天展示我設計的第一個系列。在我離開勒隆之前，我和前同事一起辦了一個小型的派對，這多少帶有點傷感的色彩，這是我向那些做學徒的歲月告別的時刻。同時，在這次聚餐的途中，我收到的一條消息，在暗示我那些無憂無慮的年輕日子已經終結。當時我被喊去接聽一通電話，被告知父親在法國南部卡拉利揚的家中突然辭世。儘管那個時候我四十一歲，但我感覺我進入到了生命中的第二個階段。

　　父母總是覺得我們還只是小孩，而作為兒女的我們對此老是顯得很不耐煩。只有在突然失去他們的時候，才能領悟到他們對我們的支持和寬慰是多麼的重要。我已經不再是一個孩子了，現在輪到我承擔起責任，去為那些追隨著我的人提供照顧和鼓勵。我得走出家庭溫暖的避風港，作為一個設計師，迪奧，必須堅強又獨立。

　　歡迎你來到服裝設計師，克里斯汀・迪奧的世界。這裡曾禁止陌生人進入。我當然要竭盡全力為他打造一個有魅力的安身之處。在這裡，他能盡量地與我分享我的那些過去。我給這個商務場所挑選了一種在我的巴黎童年時期占據主流

的色彩進行裝飾，儘管現在這種做法很不時髦。在 1900 年到 1914 年間，帕西區的新房子都是清一色的路易十六風格：白色的木製品、白色的搪瓷傢俱、灰色的帷幔、鑲著方窗格的玻璃門、有銅質底托和小燈罩的燈。這種古典又含蓄，帶有這個時期非常巴黎的優雅風格，至今在麗茲和廣場酒店的公共空間裡還能看到。我感覺這就是展示我的時裝系列的理想布景。我下定決心，不能讓內部的裝飾搶去我服裝的風采，畢竟服裝才是整個時裝秀的焦點所在。

然而在 1946 年，以我有限的微薄預算，上哪去能找到可把我的夢想變成現實的人呢？我的那些專業的室內設計師朋友不是在設計理念上毫不妥協，就是太熱衷於自己的想法而聽不進我的任何意見。我並不想複製一個真實的路易十六風格的室內設計，我想要的是一個 1910 年版的路易十六風格。他們認為我的這個主張是在胡說八道。

這個時候，我想起了維克托·格朗皮埃爾，在德國占領的早期，我們常常在坎城相遇，他告訴我他想要成為一名室內設計師。他的父親是一位有名的建築師，代表作品有德·波利尼亞克公主的住所，讓·德·雷什克的私人劇院和其他的一些 20 世紀初的建築傑作。維克托·格朗皮埃爾在建築世家裡面成長，後來也證實了他正是我要找的人。

我給他寫了一封非常急迫的信，當時他正在坎城度假。見信後，他二話不說就趕到巴黎，投入工作，嘗試著把我腦

海中那些混亂的設想付諸實現。幸運的是，我們的品味非常契合。我們都樂於再現童年時代的那些魔幻時光。他用「埃勒」沙龍實現了我的夢想：全白色和珍珠灰的色調，水晶枝形吊燈滲透出濃郁的巴黎風格，鬱鬱蔥蔥的棕櫚樹比當今流行的怪誕的蔓綠絨要好看得多了。

在沙龍完工以後，維克托創建了一個微型的精品店，我原本的打算是要把它複製成一個十八世紀的奢侈品禮物店。當維克托還在埋頭苦幹的時候，時尚界的象徵人物克里斯汀・貝拉爾前來檢視我們的工作進展。鬍髯飛揚的他，帶著小狗賈辛絲在腳邊，檢查了屋子的每一個角落。我們在等待他的意見的時候，心裡咚咚跳個不停。要知道，他的評價事關我們的品味與風格是否是正走在正確的方向之上。所幸他對我們給予了肯定，並提出了一些改進的意見。比如說，用印花圖案來做精品店的牆紙；在櫥櫃、衣櫃頂上和一些不經意的地方，隨意地擺放一些帽盒，帽盒上寫上店名。這一招太有啟發性了，看起來休閒自在的氣息給整個房子帶來了生氣。

室內裝修的話題扯遠了，我還沒給大家說說第一次向公眾展示自己名下的時裝那一刻的真實心情。我必須承認，在我所有的服裝系列當中，第一個系列是最省力省心的。我不用擔心會讓公眾失望，因為我沒什麼可讓他們失望的。當時的我還是籍籍無名，公眾對我也沒有什麼期待。當然，我還

是得努力去取悅大家，但更多的是為了我的自尊，而不是由別的東西來驅動我。我沒想過要對時尚界發動一場革命，我主要的精力放在了生產高標準的手工藝品上。我想被當成一個好的匠人看待。這意味著高標準和誠信。不曾想，我這種謙遜的做法，在這個充滿妥協和放任自由的年代，會產生深刻的影響。

我在 12 月 1 日離開了勒隆，與我的朋友柯勒一家呆在一起。他家位於小城弗勒里昂別爾的楓丹白露森林裡，當時地上還覆蓋著皚皚白雪。我在那裡待了兩週的時間，構思和設計我的第一個服裝系列。儘管正如大家所說的那樣，時尚就是巴黎的空氣，但對於我來說，時不時地到鄉間中來，這裡的平和與寧靜，能夠讓我反省在城裡學到的經驗教訓，這於我來說同樣是很重要的。無數稍縱即逝的影像在我的腦海浮現，我得馬上把它們一筆一筆畫下，以免它們不再回來。然後，我再把它們一個個淘汰掉，又把剩下的設計概念思索了好幾天，才做出最後的決定，奠定「新造型」的基礎。

氣質上來說，我是復古主義者，但不要把這和喜歡向後看混為一談。我們仍生活在貧苦、儉省的年代，配給圖書和衣物票證還讓我們很窘困，自然地，我的創意是對於缺乏想像力的一種回應。不可避免地有一些剛愎乖張的人指責我花費大量的金錢來做宣傳，說我設計的全套長禮服裙所用的布料太多，然而正是他們所批評的這些服裝是我設計系列裡的

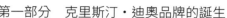

勝利者，時至今日它們仍是非常時尚的。當然這也是在 M・布薩克和他的紡織品生意利益的壓力之下取得的成績。看到這裡，如果你認為時尚的變化是因為商業的支配的話就錯了。我發誓，任何這樣考慮的時尚產品都不可能生存下來，更不用說發展或者是成功了。事實上，M・布薩克在設計方面，給予我足夠的自由度，讓我能夠隨心設計。

在 1946 年 12 月，由於戰爭時期的制服裝扮，女人們看起來就像是來自亞馬遜叢林一樣。而我設計的衣服是給那些像花朵一樣的女人的，服裝要能夠展示女性圓潤的肩膀，充滿女人味的胸部，柳條腰肢，還要有盛大張開的裙擺。這樣柔美的氣質要有堅實的打造過程。為了滿足我對建築的熱愛，以及清晰剪裁的設計想法，我得運用一種與目前很不一樣的製衣技術。我希望我的服裝能像建築物一樣被建造出來。它的建造是緊貼著女性的曲線的，形態是風格化的。對於臀部，我強調它的寬度；胸部，給予它真正的突出。為了讓我的模特兒更有存在感，我回歸到老傳統裡，在所有的衣服裡幾乎都加了塔夫綢或細麻紗的襯裡。

然而這種早已被遺忘了的技術引發了一大堆的問題，沒有一個員工有相關的技術經驗。在我給他們展示了自己的設計作品後，瑪格麗特夫人與他們馬上一道迎難而上。工作在難以置信的不利條件下展開。我的工作室空間有限，只有一個化妝間大小，每個人工作起來都得顧著點空間距離，不

然手臂就要打架了。最終，布料的入侵讓我不斷出逃，直到
發現自己到了樓梯上去工作。整幢房子處在一種高燒的狀態
中，這是旁人難以想像的景象。我們其中一個重要的裁縫師
在這樣瘋狂的工作狀態下，精神都要崩潰了。在這場戰鬥當
中，她被替換下場。她的一個下屬莫妮克接替了她的工作，
幸運的是莫妮克特別有天賦，她的能力做起這份工作來綽綽
有餘。還有克里斯汀，這個系列的成功完全得歸功於她。在
我聘請的那位專家被證實了並不勝任的情況下，她們甚至做
出了套裝。

　　我自己的想法和精力集中在如何把九十件已經設計好了
的樣衣以最完美的方式製作出來。在瑪格麗特夫人的指揮
下，裁縫師和她們的手下們為了執行收到的任務，不是重新
發現了一些舊的製衣技術，就是發明了一些新的製衣技能。
在此之前，她們中的絕大部分甚至都不認識彼此，在幾週之
內，就已經能夠像一個真正的團隊那樣工作起來。

　　面對組織生意、招聘員工和設計服裝這三重任務，我已
經累垮了。有時候，我索性倒在堆積成山的布料上，工作室
裡簡直連坐下的地方都沒有了。

　　我們都頂著巨大的壓力在工作。僅有的六個模特兒要試
上千件衣服，每個模特兒在精神和體力上都到了不堪重負的
地步。一次，一個非常漂亮的金髮英國女孩暈倒在我的臂彎
裡。我以為我穩穩地抓住了她，但她直向地面倒了下去，我

才發現我握住的只是……她的「胸部」。我全然忘記了，為了突出這個最女性化的特徵，我要求那些平胸的模特兒得戴上「胸墊」。

能否獲得製作衣服的材料也引發了焦慮。在以往的日子裡可沒有像我們今天這樣高品質的衣料。我想要的真絲面料，是紗本身，不是那種被染色了的編織材料。尋找這些衣料是一件棘手的事情。羅馬縐紗、喬其紗、薄紗織物和服帖的平紋單面針織布替代了塔夫綢、羅緞、高密緞和羊毛塔夫綢。

無情的現實是我的服裝系列面世的日子越來越近了。對於宣傳工作，我並不太擔心，我已經拜託一些忠實的朋友讓迪奧之家成為巴黎城中的話題。聰明且社交網廣布的孔特·艾蒂安·德·博穆特和拉里維埃夫人，熱情的瑪麗·路易·布斯凱和克里斯汀·貝拉爾，好幾位來自媒體界的朋友 —— 蜜雪兒·德·布呂諾夫、保羅、雅姆·德·科凱等，他們都想法設法與各界人士獲得聯繫，談論我的新店，引發了一陣好奇心的熱潮。突然間，我開始感覺驚慌失措，這會不會引起人們對於我的過高期待？我能不能不負眾望呢？

在我的服裝向公眾展示前的某一個晚上，在大家的勸說下，我極不情願地把它們拿出來，給我的朋友們先過目。貝拉爾尖叫著說，我這是創造了奇蹟。瑪麗·路易·布斯凱也加入了驚訝的恭維人群之中。天生迷信的我，立即尋找四周

有沒有木頭可以觸摸。這一切美好得難以置信，以至於我要擔心是否會徒生波折。

　　要說起宣傳這一塊最幸運的一件事情，倒不是計畫而來的。《生活》雜誌給我拍了一張照片，讓我微笑，並帶著「自然」或者是「靈感爆發」的表情。這樣的表情在日後的拍攝當中，幾乎成為了一種模式化。那時候，我還不知道一篇發表在《生活》的採訪文章會產生怎麼樣的深遠影響。就像財富一樣，掌管宣傳的女神總是眷顧那些最不對她獻媚的人。

　　到目前為止，我只在沙龍裡面進行過一些倉促的排練，模特兒、裁縫、首席裁縫們擁擠於一室。現在得來一場正經八百的服裝彩排了。儘管經過這樣的彩排，我對於時裝秀當天服裝究竟是會怎麼樣呈現給觀眾，還是沒有絕對的把握。對於那些實際構思和縫製了這些服裝的人來說，服裝的真正意義不會因為開幕那一天的到來而喪失。所以我決定，連店裡的銷售員都不能提前看到樣衣。還有那些媒體朋友和我未來的客戶們，他們只有在約定的那一天，等待著這個服裝系列的幕布第一次升起。此後，儘管有人都要求我放棄這個做法，但我還是把它堅持了下去。我想我這樣做的潛意識是在防止商業的氣息入侵到藝術的氛圍裡面。這對我來說尤為重要。

　　最終，服裝的最後一步都已經完成了。既然已經再沒

機會去做更改，我猛然感覺到全身遍布一種奇異的鎮靜。對於我的新系列，我只有一句話想說，我想它應當是「可以」的。也就是說，我的目標客戶應當會喜歡和滿意這樣的服裝。

　　為了能夠好好地招待來客，我從新系列當中分了一部分精力給到裝修工程。在我不斷的絮絮叨叨當中，裝修的工作進展已經落在了時間表的後頭。最終能及時完工，不啻於締造了一個奇蹟。（正如德拉艾夫人所預見的，當最後的一榔頭敲下的時候，也就聽到了第一個客人進來的聲音。）

　　在那個大日子，我很早就到了迪奧之家，在還沒有鋪好的地毯上來回踱步。還是黎明時分，整個房子就處於一種騷動的狀態，看起來就像是傍晚的光景一樣。卡門‧科勒還處於繁重的任務當中，她花了好幾個小時把小房間打造成一個微型商店，這就是我們的展示店。在沙龍裡，拉紹姆正在擺放最後一批花瓶。幕布的灰色緞面垂懸著，看上去非常的優雅。在更衣室裡，模特兒們已經開始投入戰鬥的狀態。所有的樣衣奇蹟般地被從工作室裡安全送達這裡。

　　上午十點半，沙龍裡面擠得水洩不通，第一位模特兒走出來展示了第一件服裝。瑪麗－特雷莎，在她的首秀裡，緊張得半死，由於絆倒而淚流滿面，幾乎崩潰了的她無法展示後面的那些樣衣。所幸緊接著走出來的每一件服裝都伴隨著掌聲的爆發。太快的獲得肯定讓我很惶恐，於是我堵上了耳

朵。然而戰場上捷報頻傳確認了一切，我的隊伍搖起了勝利的大旗，在明星模特兒、獨一無二的塔尼亞帶領下，我們大獲全勝。

　　最後一件服裝在熱情的騷動當中展示完畢，瑪格麗特夫人、布里卡爾夫人和我在試衣間裡互相凝視，沒有人能說出一句話來。雷蒙德夫人帶著喜悅的眼淚找到我們，把我們推到了大沙龍裡，在那裡我們被掌聲包圍了。在我餘後的人生中，沒有任何一個時刻的成功能超越我在這個至高無上的時刻的感受。

第三章　新風貌

　　很快，公眾、媒體和銷售總帳就一起告訴我，如同芭蕾舞劇《資產階級紳士》的主角 M・茹爾丹不自覺地念出了散文一樣，我也在不經意間創造了迪奧風格。這種風格被普遍讚譽為有新意和原創性。這不過是我一直追求的對於時尚真誠和自然的表達罷了。我的審美偏好正好與時代的精神或者說感情相契合。在討論綢緞或者絲綢的時候，硬要加入哲學思考是很荒謬的事情，但既然我要為廣義的社會潮流負責，請允許我在此分析一下自我的成功原因。我相信我的成功，正是基於我把被忽略了的賞心悅目的藝術帶回到大眾視野當中。

　　回想戰爭之前的那些歲月，回憶起與室內裝飾的氾濫相匹配的超現實主義裝飾的過度使用。夏帕瑞麗夫人愛用超現實主義來裝飾她的衣服。一件晚禮服可能看上去就像是一隻巨型龍蝦，帽子可能是鞋子或者是炸肉排的形狀。至於扣子，天曉得那是什麼東西！如果這就是時尚的話，可沒什麼問題，因為時尚總是對的。對於創造時尚的人來說，總有他充分的正當性，正如那些追隨者總不會對此產生任何懷疑。

　　夏帕瑞麗夫人以她的偉大天賦，深諳如何把優雅的邊界推到怪異的邊緣。她的設計也許是激進了一點。從 1938 年往後，剛剛自立門戶的巴倫西亞加，梅因布徹和羅貝爾・皮蓋

（我曾經是他們的設計師）紛紛開始主張回歸到更加古典的風格。在戰爭時代的局限下，產生了之前我提到過的乍祖風格，但這種風格很快就停止了它的自然發展。1947 年，時尚在偏離了正軌多年以後，已經厭倦了再去迎合畫家和詩人，想要回歸到它的真正作用中來：讓女性更美。

在公眾看來，我的首個系列的服裝正是起到了這樣的作用。人們欣喜地發現時尚是歐式的，而不是異國情調。服裝得到了精心的製作。數年來，人們第一次感覺到時尚風格更「像樣」和「好看」了。1947 年的時尚是時候放棄冒險，暫時回歸到基本樣式上來了。

你也許會記得我的目標客戶主要是老道的買家和慣於優雅的女士。如今我驚喜地發現年輕的女生也想要嘗試這樣的新時尚。多明尼克‧布朗夏爾正在她青春的最好年華中綻放。在喜劇《貝拉克德阿波羅》裡，她穿上了造型最為誇張的「新風尚」服裝。我對這一款衣服是如此的滿意，因此將它命名為「甜心」。這件衣服有著緊身胸衣，收緊的腰部，八十碼打褶的白羅緞一直傾瀉到腳踝上方。

巴黎的聖日爾曼也不甘在這股風潮中落後。我愉快地發現存在主義者歌手茱麗葉‧格雷科是黑色開衫和褲裝搭配的完美化身。她以過人的智慧，把她個人風格和我的設計無暇地糅合到了一起。從此，新風尚成為了年輕和未來的象徵。

我的第一個系列取得了超乎我想像的非比尋常的成功。

從它面向公眾的那一刻起，先是媒體，後是買家蜂擁而至。洶湧的人群迫使我們擴大空間，因此把那充滿魅力的舊式電梯給拆除了。儘管如此，空間還是嚴重不足。擁擠進來的人群都湧到樓梯上了。人們按照到來的前後順序坐在了樓梯上，那場景就像是一個羅馬的圓形劇場。很快我們就發現每天都不得不驅散一些人群，因此我們建立起一個預約機制，以此來防止有人誤以為自己是被故意排除在外的，而與公司的管理層結下私人怨恨。這個系統還有另外一個好處，它能夠讓公眾得以進入，而防止可能出現的抄襲者把我們的潛在顧客帶走。

這也是我第一次面對時尚記者和專業的買家。在皮蓋和勒隆工作室的時候，我只是一個時裝設計師。一旦完成了服裝的設計工作，我就大功告成，在工作室裡消失，到鄉間的寧靜祥和中去放鬆休息。現在可不能如此逍遙了。開幕首秀不可思議的成功讓我肩負起很多之前從未涉足的職能。

當然，我在出版界有好些個老友。像之前提到過的蜜雪兒・德布呂諾夫，法國版《時尚》（*Vogue*）雜誌的編輯保羅・呂西安和曾經在職業生涯上助我一臂之力的《時裝之苑》（*Le Jardin des Modes*）的科賽特・沃熱爾。當我還是個設計師的時候，我就已經認識了愛麗絲・沙瓦娜以及日報《費加洛報》（*Le Figaro*）的吉納維芙・佩羅。那時，每當雅克・布斯凱夫人在她布瓦榭爾大街上的小房子裡舉行沙龍

的時候，我常常會前往。這是遠在她的波旁宮歲月之前的時期，她的聚會的聲名遠播於巴黎之外，在世界都享有盛名，她的沙龍被譽為瑪麗·路易的星期四之前的那段時期。那時，我非常羞澀，讀不懂瑪麗·路易一成不變的親和面孔，這是她用來保護自己不受外來世界侵犯的面具。漸漸地，由於我們有著共同的工作和朋友，一起分享過歡樂和悲傷，讓我有機會看到她在微笑的面具背後的另一面。瑪麗·路易成為我的好朋友和同盟，在戰前，她就把我推薦給卡梅爾·斯諾（Carmel Snow），她曾有意邀請我去為《哈潑時尚》（*Harper's Bazaar*）作設計。人人都知道《哈潑時尚》的重要地位以及卡梅爾·斯諾對於今天流行什麼，明天什麼才是時尚有著非凡的觸感。

　　在勒隆公司的時候，我就已經認識了貝蒂娜·威爾遜，現在她已經成為了貝蒂娜·巴拉爾。她是美國版《時尚》的時尚編輯。美國版《時尚》先是在孔德·納斯特的帶領下，繼而是由美妙的蔡斯夫人來統領編輯，現今的掌門人是親愛的潔西嘉·達維斯。這本雜誌在時尚的世界裡扮演著舉足輕重的角色，在世界範圍內的影響力也不容小覷。《時尚》打破它的自我傳統，把我的照片發布在主編頁，並為我的設計系列配有長篇的報導。

　　在我的第一場時裝發布會之前，我還遇到了美國重要的時尚刊物《女士著裝日報》的珀金斯先生。這份報紙展示了

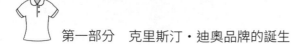

對女士服裝的極大熱忱，每日在全美發行 50 頁包含社論和與時尚有關的廣告的報紙。我還結識了主持法國時尚聖經《時尚專家》的卡斯塔涅夫人，以及紐約《先驅論壇報》（*International Herald Tribune*）的露西・諾埃爾。除了以上列舉的各個人物，還有很多出版界的關鍵連絡人無法在此一一介紹，更不消說那些權威的攝影師和藝術家。服裝設計師與出版圈的關係就像是愛情，一段永恆綿長的愛戀，經過每一個服裝系列的洗禮而歷久彌新，其中摻雜著無止境的糾葛與和解。伊里亞德以一當十，也還是沒辦法應付媒體提出來的超負荷要求，我不得不親自去會見那些主要媒體的代表。

　　我開始直接體會到日報為了盡可能最早地向讀者揭示來季的時尚祕密而展開的無情的戰爭。服裝設計工作室想要獲得最佳的出版版面的同時，也深知如果把設計過早、詳細地公開發表，會助長抄襲的不良風氣，這樣會把時裝原有的風格庸俗化。因此我學會了用謹慎的微笑來把那些不明智的提問抵擋過去。我不得不對每一個人都表達熱烈的歡迎，對自己的設計能夠在各種不同的刊物上發布而表現得雀躍歡呼，其實私底下，如果過多的設計被披露的話，我是非常的氣憤的。當然，如果雜誌給予設計師的版面過小的話，他們也不會滿意。在時尚雜誌的封面上，由於刊登了一款服裝設計的彩色照片而引發的猜疑和不安情緒，是不為普通的大眾所了解的。每個設計師樣衣的數量，刊登的版面位置，所有的這

些細節都會獲得競爭對手急切的關注。誰是誰非都好，服裝設計師們對於雜誌的偏袒的懷疑總是反應敏感，就像劇作家一樣，很容易就被惹毛了，這都是老生常談了。

　　與出版界打完交道之後，我開始要面對專業的買家和他們的出資人了。因為我工作室的開幕式在本季當中已經是相對晚了，好些美國買家在下了訂單之後，已經離開了巴黎。但是一家全新的時裝屋發布的第一個系列的服裝所產生的**轟動**，把他們又吸引了回來。儘管有些名字聽起來很熟悉，但基本上，我和他們都沒有什麼私交。馬尼安、哈里・布盧姆、哈蒂・卡內基，以及由弗朗科小姐和多德小姐組成的著名團隊，她們代表貝雅爾多夫・古德曼而來；還有代表邦代爾的萊昂・施默德朗，還有馬歇爾・菲爾德的買家卡特蘭小姐。

　　那些在一戰後為了香奈兒和薇歐奈的服裝而搶破頭的買家，在 1945 年，已經準備好再一次踏足巴黎。時代已經不同了。他們所代表的大店現在圍起一系列的訂製服裝，只是為了保存顏面和聲望，實際上這樣做給店裡帶來了巨大的損失。巴黎時裝在美國很少能有立足之地，在那片土地上，天才設計師梅因布徹、瓦倫丁娜、查理斯・詹姆斯和其他的一些設計師才能生存和維持服裝傳統。我感到我們已經不可能像產業的先人那樣獲得闊氣的訂單了。只有經過精心規劃，那些在新的時尚風潮裡面最有代表性的服裝或者是易於複製的服裝，才有可能獲得青睞。

沒錯，我是一個法國服裝設計師，除了本土女性之外，我也需要了解全世界優雅女士的服裝需求。在接受了海外買家的鼓勵和批評之後，很快我就為加利福尼亞設計出了印花時裝，為里約熱內盧設計棉質服裝。我致力於為生活於不同氣候環境之下，以及有著不同生活方式的女性提供她們所想要的衣服。

　　迪奧之家就如同一個日夜都在發酵著的罎子。因為我的設計首演已經落後於本時裝季，現在必須得抓緊時間，賣、賣、賣，整日地加強銷售。幸運的是，先鋒評論家們的好評帶來了世界範圍內的公眾關注。先是美國，後是英國，再是義大利，義大利的顧客很優質，儘管他們編造了一個法國和義大利之間時尚戰爭的荒謬神話。比利時、瑞士和斯堪地那維亞也開始有了訂單。隨後是南美、澳洲，幾季之後，德國和日本也加入了。

　　我們的女店員忙到耳朵都不夠用了，眼下，私人客戶正在和那些不知疲倦的專業採購人士一起互相推擠，工作室有限的面積碰撞到了危險的瓶頸。我決定要多開兩家分店。儘管難度不小，我和 M‧布薩克都在為建築一棟新的七層工作室大樓而努力。主要的難題在於尋找建樓的地塊，看來除了把舊馬廄拆除之外並沒有別的選擇。作為一個愛馬之人，M‧布薩克也許是第一次容忍別人冒犯他的愛好。

　　這座我夢想裡獨一無二的小房子現在發展到哪一步了？

我稍微克服了突然成名帶來的影響。對於原本謙遜的理念現在要被擴張為更廣大的藍圖，我還是有些不自在。我也是一個凡人，對於享受成功就和眾人一樣，畢竟，如果每一個人勞作的目標就是為了成功的話，我沒有理由對此產生不滿。我可以毫不猶豫地告訴大家，我的服裝能夠被公眾所欣賞，蒙田大街上小團隊的辛勤工作因此而得到了回報就是我快樂的來源。對於成功的另一面，也就是那些不可避免的八卦，以及由我在公眾場合被認出而引發的好奇的竊竊私語，都是我甚為厭惡的。

在一個瑪麗·路易的晚宴上，克里斯汀·貝拉爾把我在第一季獲得的成就感推到了最高潮。克里斯汀把蒙田大街上的迪奧之家畫成了一幅水粉畫。從那時起，從聖誕卡到系列發布的流程單上，都印有這幅畫。晚宴上，他還即興向我敬酒，並總結了他自己的人生哲學。

「我親愛的克里斯汀，」他說道，「好好地品嘗這幸福的時刻，這在你的職業生涯裡是獨一無二的時刻。成功再也不會來得如此輕易了。因為明天有關不能辜負的痛苦就已經開始，你要不斷地超越自己。」

那時候，我還聽不懂這些話背後的深意。成功的「毒性」，還沒有開始在我的血管裡發作。但很快，貝拉爾的話就一如既往地應驗了。

終於我可以去度個假，讓我的身心從過去幾個月的辛勞

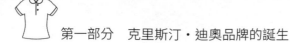

裡面解脫出來。我出發前往都蘭，在我的自由時光中歡欣鼓舞。儘管此時已經是 1947 年，法國已經用了很長一段時間來舔平戰爭創傷，在鄉村地區，仍然像戰時一樣。被坦克壓壞的路面仍未被修復。我無望地對各種機械相關的東西感到煩悶，因此我從未學過開車，我也沒有闊綽到可以雇用一位司機，所以我也一直沒有自己的車。那時候汽車還是罕見的交通工具，所幸蘇珊·盧林提出可以把她那輛英勇的小西姆卡借給我。另一位朋友則自告奮勇地要來做司機。在戰時，蘇珊·盧林用盡了各種計謀才使得這輛西姆卡免於被法方和德方徵用。現在它已經光榮退休了，也就是說它被停放到了車庫裡面離車庫門最遠的位置上。這輛神奇小車已經不值一錢，也再無人搶奪了。拖著破爛的輪胎和犯了哮喘病一樣的引擎，它痛苦地在一陣陣的抽搐和顛簸當中前行。每五十英里，我們就得停一停。其中的一個輪胎被刺破了，我們只好停下來進行一番修補充氣。重新出發後的兩個小時，我們又發現另一個車胎被刺破了，於是不得不用之前一樣的手法來再次進行修理。那種感覺，就像是在乘坐一架羅馬時期的凱旋戰車去出遊一樣。

就這麼一路折騰，我們終於達到都蘭。在這片肥沃的土地上我住了一個月。在這裡，沒有人認出我來，我也不用再面對遞過來的簽名本，我從來都不知道應該在上面寫點什麼好。我在當地的小旅館裡遊玩，特別喜歡此間的老式烹飪。

儘管這還是一個食物短缺的時期，老式烹飪也不應該承擔罪名而應享有尊重。這些年清貧的生活已經讓我忘記了享受生活的感覺。

這是一個美妙的假期。這些小城、鄉村教堂和精心照料的花園，甚至是燉肉的香味，都是我所深愛的法國的縮影。白天，我遠足而行，晚上既可以不緊不慢地玩，又可以讀我最喜歡的歷史回憶錄。我每天晚上都會給巴黎那邊打電話，了解那裡的日間發生了什麼事情，以及跟進讓人暈眩的盈利增長數字。我的諾曼人血統從來不會讓我從工作中抽離出來。

再開心的假期也有結束的一天。西姆卡也在杜爾當教堂塔樓下壽終正寢了。我給巴黎打了個電話，讓他們租來一輛車。

克里斯汀‧迪奧，這個公眾人物，現在要回到大眾視線中了。他的各個角度都被拍成了照片。我暗忖這就是成名的代價。除去我不喜歡的商業部分，我還禁不住想，我這胖胖的身子穿著巴黎人最喜歡的中性顏色套裝的形象，和大家想像中的富有魅力，經常見諸報紙雜誌的設計師形象相，我似乎是塑造了一個讓人感到抱歉的形象。

我在想為了讓公眾不至於失望，我是否需要進行一番自我改造。也許，我是該減肥了，放棄愛吃多吃的天性，摒棄任何使生活值得進行下去的事情。

我羞怯地邁出了改變的步伐。從我的裁縫那裡多訂製了

幾套套裝，請來按摩師，可沒過多久我就徹底放棄了整個計畫。理想和現實之間的鴻溝太大。我退回到自己的殼裡，那裡是我多年來怡然自得的舒適區。

當我在為第二個系列（冬季系列得在七月展示）埋頭苦幹的時候，收到了一封來自美國大型時裝公司內曼・馬庫斯的信，他們邀請我前往德克薩斯州的達拉斯去領取一個獎項。這種旅程本身聽上去就像是世界末日一般，讓我恐懼不安，我的第一直覺是馬上拒絕。而與此同時，去了解美國這個市場又是如此誘人而難以拒絕。我的服裝最大的買家就是美國。我也想在美國本土看到這些美國女性穿著我的衣服。再次細讀信件，我發現這個名為「奧斯卡」的時裝界獎項在大戰期間就已經設立了，這是第一次把獎頒給一位法國的設計師。我第一個系列的設計為我贏得了這項榮譽。

好奇和驕傲本身並不足以驅動我跨越大西洋。真正驅動我前往的是那種以我的名義去復興法國時尚的感覺。這也是我的職責去再次突出巴黎在時尚領域由來已久的至高無上的地位，此行也代表著我的國家和我所在的產業。

在我第二個系列的設計還沒有展示之前，我沒辦法動身。正如貝拉爾所預言的，我的焦慮在侵蝕我，但它帶來的不是癱瘓的效果，而是激勵我提升到一個更高的高度。這是一個瘋狂系列，又寬又長的裙子把新風貌推向極致。裙子使用大量的面料，一直延伸到腳裸。女孩們穿上她，穩穩地有

種穿上了童話故事裡公主服飾的感覺。一個黃金時代再次降臨。戰爭結束，沒有人能預見將來流行什麼，豪華面料的重量、沉重的絲絨和錦緞，什麼才是重要的？當心靈輕盈，單純的面料不會使身體下沉。富足這個詞還是太新奇了，到處都是簡約之風。

取得的成功讓我們目眩神迷，差點因為一些完全沒有意料到的原因而被捲入到一場意外當中。在這個系列裡，有一件叫做「邦邦」（Bon bon）的簡單的粉色羊毛衣，剪裁是依據「花冠」款時裝的新技術來做的。這件衣服製造出了轟動，部分是因為它非常的精美，更多的是因為這件衣服在定價的過程中出現了失誤，售價遠低於製作的成本。我們的顧客當然不會放過這個機會，她們一看到這件衣服就知道撿了便宜貨。這使得我們幾近破產。幸運的是後來這個失誤得以修補，我們的事業不至於土崩瓦解。

當有人把迪奧之家看成是像艾菲爾鐵塔，或者是康康舞一樣的久負盛名的巴黎城市魅力象徵時，我總是微笑以對，他們完全忘記了這家公司到目前為止才正好成立了六個月的現實。

這一切都發生在上天庇佑的 1947 年。在 1937 年，人們用夏帕瑞麗（Schiaparelli，義大利服裝設計師，她的最大競爭對手是可可·香奈兒，被視為兩次世界大戰期間，時尚界最突出的人物之一。她是一位超現實主義設計師，常用蝴蝶、昆蟲、花朵等達利風格的超現實圖案。）的白鷺冠毛和

蒲團來裝飾自己,那是個危機四伏的時期,舞會上的人們彷彿是在冒著濃煙的火山口上起舞。十年後,新風貌的人們在已經平靜下去了的火山口上再次起舞,希望這一次,和平是永久的。戰後,各種舞會遍地開花。克里斯汀‧貝拉爾組織了「浮華舞會」。在舞會上,世界上最時髦、最美麗的頭上都裝飾著各色羽毛,其中包括天堂鳥、鴕鳥、魚鷹的羽毛。緊接著舉行的是「百鳥舞會」,華麗的羽毛面具給舞會上漂亮的臉孔增添了神祕感。

　　孔特‧艾蒂安‧德‧博蒙特希望能夠重振他在戰前就廣為傳播的舞會盛名。他重啟了音樂室的大門,舉辦「國王舞會」。每一個巴黎名流的頭上都戴著一個硬紙板王冠,從達戈貝爾國王,到黑桃、紅桃皇后、路易十六的王后瑪麗‧安托瓦尼特,以及示巴女王。瑪麗‧洛爾‧德‧諾瓦耶(法國藝術家,二十世紀最大膽、最有影響力的藝術贊助人之一,也因為和達利、考克多等人有往來而出名。)也參與了角色扮演的挑戰,在「月球表面的洞」(可能是聚會地點的名字)讓那些「短命的王族」扮演法國著名喜劇演員雅克‧塔蒂所演繹過的經典人物。美國大使大衛‧布魯斯先生偕同他美麗的妻子出席。我也一起去了,扮演小酒館的老闆。

　　這是一股狂熱的舞會風潮,每個人都想舉辦一場特別的舞會,不論是為了慈善事業,還是為了朋友們而舉辦。在巴黎、在鄉村、在艾菲爾鐵塔之上、在塞納河的船上,只要是

一個全新的跳舞地點。這時我們海外的朋友也如潮水般湧來探訪，巴黎再一次屬於全世界。阿圖羅・洛佩斯・威爾肖和他的妻子，簡直就像是在巴黎出生的一樣，做派非常的巴黎。他們把塞納河畔納伊的漂亮房子重新開放，那裡湧現出不少新的面孔。一個年輕的葡萄牙人想出了一個迷人的主意，把漂浮在塞納河上的德利尼游泳池（大革命前巴黎第一家游泳學校，後來成為塞納河上的旅遊聖地，受到 20 世紀多位作家頌詠。已於 1993 年 7 月 8 日沉沒於塞納河中。）租下來，為前來的客人展示一派威尼斯的風情。鮮花環繞的泳池變成了夢之湖。燭影搖曳，巧妙的木質西班牙・摩納哥外牆，讓我想起了威尼斯的總督府。穿著化裝舞會服飾的客人們在通風的拱廊裡進進出出，像極了喜歌劇裡面的人物。

這次德利尼舞會，可以說是多年後夏爾・德・貝斯特古在威尼斯奢華的拉比亞宮裡舉行的名流舞會的靈感來源。這是我見過的最奇妙壯觀的景象，也算是一種夢幻成真的場景。嘉賓的衣香鬢影與提埃坡羅壁畫中人物的華妝盛服交相輝映。龐大的人群聚集在宮殿周圍，來賓的歡呼讚美與主人的寒暄問好交織成喧嘩的一片。好像魔法在顯靈一樣，人們彷彿置身於永恆的義大利仲夏夜裡。

這樣揮霍無度的大型舞會怎麼樣才能自證合理呢？儘管身處一個蔑視著侈品和大型娛樂活動的年代，我並不需要掩飾曾參加過貝斯特古舞會裡的自豪。像這樣的派對是真正的

藝術之作。人們也許會對它盛大的規模感到不安，但它們仍是可取的，實際上在我們這個年代的歷史上也是重要的一筆，因為這些舞會產生了真正的流行娛樂感。

　　歐洲已經厭倦了投擲炸彈的日子，開始了燃放煙花的時光。新一股及時行樂風潮從未超越 1920 年時期的那種狂熱，由於我還太小，並沒有親身經歷這段日子，只是有所耳聞。讓人欣慰的是由黑市人員主辦的粗俗的派對，逐漸被精緻社團更為優雅的娛樂活動所取代。這股樂觀主義的浪潮和對文明快樂理想的回歸，讓迪奧之家受益不淺。

　　我堅持使用「幸福」這個詞。我相信阿爾封斯・都德（Alphonse Daudet）曾經寫過的，他希望他的書能夠使他成為一個「幸福的人」，我謙遜地認為我追求的目標和他一致。我設計的第一批服裝裡，有的被稱作「愛」、有的叫作「溫柔」、「幸福」。女人本能地就能夠明白，我想要使她們實現不只是變得更美，也要更幸福的夢想。她們則以到店光顧的方式來回報我。

　　在我的感恩讚歌當中有一闕愁緒。我不得不放棄生命中原先所習慣的性格與形象，全身心地投入到作為設計師的克里斯汀・迪奧的角色當中。在巴黎燦爛的時裝季獲取的成功，已經讓我為這個不一樣的我，做了相當多的彩排預演工作。現在，又一個重要時刻到來，我將帶著我的新個性去展開一場巡遊。

第四章　前往未知的美國

　　儘管家人完全沒有把算命師預言我將會四處周遊的說法當做一回事。但在 1947 年之前，這個預言已經在某種程度上開始應驗了。雖說我已經遠遊到過俄羅斯，但我的足跡仍沒有超出過歐洲的範圍。這次前往德克薩斯州的達拉斯，我得穿越大洋，抵達新世界。

　　我決定要進行一次徹底的旅行，要在美國進行一次全景旅遊。現在的人們對於長途旅行已經習以為常，也許不會覺得這是什麼特別需要勇氣的、冒險的事情，但一想到這個主意，我就會感到焦慮：首先，儘管在心底我開始慢慢了解作為一個設計師所承擔的是怎麼樣的一個角色，但我對於我所要表演的這個新舞臺還是知之不多；其次，我閱讀了不同作者描述美國各個不同方面的文章，以至於我都不知道應該相信誰和相信誰寫的東西了。當然了，這種神祕感讓我的心裡澎湃起伏。

　　在摩天大樓的外觀之下，大峽谷、尼加拉瓜大瀑布、汽油泵、塵土飛揚的廣闊沙漠，以及被稱為「深南」的地方（這個概念由我腦海裡的電影、雜誌、照片、明信片創造出來）才是真正的美國。那麼美國到底是怎麼樣的呢？我的耳邊想起了這樣的說法：「好萊塢有電影製片人和大明星，然而他們都代表不了美國」，「去歐洲的那些美國人都不是真正

的美國人」。在紐約，巴黎人老友記、詩人阿奇博爾德‧麥克利什（Archibald Macleish），音樂家、評論家維吉爾‧湯普森（Virgil Thomson），他們的話被奉為金科玉律，然而他們也都還不是典型的美國人。我被告知我將遇到的那些美國百萬富翁是一個時代錯誤，是屬於《飄》的那個年代。那些解放了我們的美國大兵亦不能被當成真的美國人，人人都知道當一個人穿上了制服以後，就或多或少不再是他們自己了。

在我的腦海裡，漸漸形成了這麼一幅畫面：這是一個巨大的國家，裡面居住著一個不為人知的民族。可這沒讓我感到寬心。為了打起精神，我開始談論一系列從容的老的時尚觀念，這樣也許不會帶來很大的失望。我對史坦貝克（John Steinbeck）和海明威（Hemingway）不太了解。我喜歡查理‧卓別林（Charlie Chaplin）早期的電影、保羅‧穆尼（Paul Muni）的匪徒、珀爾‧懷特（Pearl Fay White）和瑪麗‧畢克馥（Mary Pickford）。我甚至往回去翻閱費尼莫爾‧庫珀的作品（James Fenimore Cooper，美國 19 世紀初作家），為的是尋找一個能夠撫慰我的美國。

在這些知性武裝的保護下，我向朋友們揮手作別，那個陣勢好像我要進行的是一場前往北極的考察。我搭乘的伊莉莎白女王號在九月初啟程，除了沉重的心，還有沉甸甸的行李，我帶了數不清的、絕對必要的行李箱。它們跟隨我展開了這趟行程。

　　這是我第一次乘坐遠洋班輪旅行。當我在瑟堡港見到停泊在那裡的伊莉莎白女王號的時候，她看上去比白朗峰還要雄偉。和別的大型遠洋船隻一樣，她也是極盡奢華，伊莉莎白女王號馬上就贏得了我的歡心。我住在寬敞的客艙裡，還配有一個令人愉快的管家。除此之外，一艘英國的船隻就等同於英國本身，世界上沒有其他國家 —— 法國除外 —— 他們的生活方式是讓我如此喜歡的。我熱愛英國的傳統，英式禮節、英式建築，我甚至熱愛英國的食物，我最為鍾愛英式早茶、粥、雞蛋和培根。約克郡布丁、肉餡派、釀雞都是我的寵愛。

　　這確實是最為合意的一次跨海旅行。乘客中有《時尚》的發行人伊娃·帕采維奇，《時尚》的藝術總監亞歷克斯和貝蒂娜·巴拉爾。在出發之時，我對他們還所知甚少，也沒料到能因此結下友誼，抵達紐約之時，我們就已經成為了好朋友。再也沒有比這更美妙的四重奏了，在這樣愉悅的陪伴下，我慣常的羞怯隨著時間的流失而消融。

　　我發現我對遠洋客輪上的生活有著完全錯誤的印象：並沒有披著黑貂皮，傲慢又難以捉摸的國際化大美人在晚會上一閃而過；賭馬和彩票活動倒是每晚都在休息室（那裡掛著的女王肖像如此正式，大概是由最官方的畫師給女王所畫的最為正式的一張肖像）裡舉行。在那裡玩耍的人，儘管毫無疑問都是富人，但是看上去既不年輕又不醒目。晚上他們

都早早地回去休息了。面對掛在牆上傳統又富麗堂皇的伊莉莎白女王肖像，他們做的唯一讓步就是身著晚宴夾克和晚禮服，讓場面看上去稍微莊重一些。

對於這種節日精神的缺失，我並沒有什麼好抱怨的。我們這個小團隊也能從令人愉快的日光浴、橋牌和以紐約為主題的八卦中抽身出來。對於我的所有疑問，紐約城本身給出了最佳的答案。第五天，它出現在黎明的地平線上，在印第安人夏日的光芒中熠熠生輝。

一點點地，新世界的第一塊岩石，展露在海平面之上。在這巨石之上，矗立著一個大型城市，它的基部仍在黑暗的籠罩當中，它的頂峰裝飾著無數的巴別塔，早晨的陽光已經給它們鍍上了金邊。這成千上萬指向蒼穹的方尖碑一樣的建築物，完美地表達了這個國家對生活的熱情以及自信。對這片新大陸的熱情，完全把我從自己生長的歷史悠久的歐洲大陸中抽離。結構輕快的艾菲爾鐵塔已在千里之外。

汽笛的一聲長鳴宣告登陸的時刻到了，把我拉回了現實之中。諸如行李、船票和簽證這類循例的問題來了。各種身著制服的人員，從公園管理員到瑞士衛兵，都總讓我又尊敬又恐懼。儘管我多次跟自己說，我是一個沒什麼可查的清白人，但還是無濟於事。在面對移民局的官員的時候，我還是像一個背負所有罪名的偷渡者，滿腦子都是他們臭名昭著的嚴查故事。我想起了在巴黎曾經被問過的那些荒謬問題，我

的指紋是如何被錄取的，以及得發誓說自己並不是一個共產主義者。實情是，我並沒有對美國或者她的總統存有任何險惡的陰謀。

　　我從口袋裡面掏出護照、報關單、入境卡、行李牌和疫苗接種證書，這些東西已經遺失了好幾次，又被找了回來，現在都被我緊緊地抓在手裡。在找到了正確的隊伍之後，我坐下、起立二十五次之多，隊伍才勉強向前移動了一碼。最終，一位紳士向我禮貌地招手，示意我坐到二十六號座上來，我心跳加速地來到了他的跟前，只見他帶著一臉不祥的沉默，鼻梁上架著一副金邊眼鏡。他接過我的文書，查閱沒完沒了的長清單。他全神投入地檢查每個能想到的細節。在問過我打算在美國停留多長時間以後，他終於好像注意到了什麼，朝我會心地眨了眨眼睛：「噢，你就是那個設計師。裙子的長度現在怎麼樣了？」

　　本來我確信自己會不為人知地離開這艘船，因此當移民局的官員對裙子的長度表現出這麼熱切的興趣的時候，我簡直驚呆了。我用蹩腳的英語告訴他，不是我的每一條裙子都是那麼的長的。然後我從容起身，為能夠如此輕易地過關而樂不可支。這證實了新風貌已經成為她的創造者的最佳通行證。

　　現在我得去追趕我的行李箱了。那些服務員處理起箱子的樣子就像是要把它們都扔到海裡去一樣。在長走道裡，我

迷路了，完全陷入不知所措當中。這時候，好幾個大喇叭一
起響亮地廣播我的名字，聽到這些我沒有任何警示感，而是
鬆了一口氣。

「謝天謝地！」我終於喊了出來，在聽到「迪奧、迪奧」
的巨大回音的時候，我哀嘆，「他們終於發現我了。」

我的滿足感只維持了很短的時間。一旦被人發現並認
出，我就好像是忽地芒刺在背，在還搞不清任何狀況的時
候，我就要面對一場即興的新聞發布會。雖說在之後的日子
裡，我顯然已經熟知這些套路，但這還是我第一次經歷如此
可怕的磨難。這就像是在上可怕的法庭之前，先在碼頭成為
階下囚。而法庭之上，在你能開口說一個字之前，有無數的
鎂光燈對著你亂閃。我面臨的嚴重指控是試圖掩蓋美國女性
神聖不可侵犯的大腿，而我需要在現場進行自我辯護。這時
候移民局官員的擠眉弄眼絕不帶有一絲善意。我作為諾曼第
人謹小慎微的天性讓我殺出重圍。一邊假裝英語不靈光，一
邊向四周尋找同情的臉孔以便能把我解救出去。就在那個當
下，如同最佳的情節劇劇情一樣，一個姍姍來遲的人物把前
方的人群都推開，向我走來並張開雙臂。

這個在關鍵時刻從天而降的救星，正是尼古拉・邦加
爾，一位二十多年的朋友。他與一個迷人的美國女孩結婚，
並於戰後在紐約定居。他和讓・施倫貝格爾合夥開了一家高
品味的珠寶店。他憑藉對美國人的了解，已經預見到我會遇

到的問題。即便冒險，他也要爬上船來幫我。這樣一來，我才重振旗鼓，開始回答那些連珠炮一樣的提問。

在紐約的兩天，我總是處於一種持續不斷的驚嘆當中。這個城市的電氣氛圍讓我充滿了活力，我的眼睛一刻不停地睜得巨大，不想錯失這個驚人場景裡的任何東西。我曾說過，有關機械的東西對於我來說就像是一本合上了的書。在紐約，一切都是機械的。我必須面對這一切，並讓自己能夠適應。

美國人的熱情待客之道並非虛言。我像其他外國人一樣，充分享受其中。熱心和友誼是我生命中不可或缺的兩樣東西。很快我就和昂熱爾夫人相熟了，我們是經由互相認識的朋友介紹認識的。她很樂於引領我，成為了我的職場導師。在後來的日子裡，她成為了克里斯汀・迪奧紐約分公司裡面極其重要的人物。我還結識了愛德華・馬庫斯，他是邀請我前來美國的那家公司的合夥人。他和他的妻子也都成為了我的好朋友。

終於要出發前往達拉斯了。面對一個有著如此浪漫名字的城市，我不知道對它應該有些什麼期待。結果，達拉斯也是一個充斥著摩天大樓的城市。高樓圍繞著中心廣場而建。教堂、市政廳、學校、酒店的布局與法國的鄉村別無二致，除了建築的高度是後者的二十乃至三十倍。這些摩天大樓都被銀行和各種各樣的辦公室（其中當然也包括了很多石油公

司）所占據。住宅區那些充滿魅力的房子，很好地保護了私密性，有著綠油油的草地和精心打理的花園。

當你仔細觀察達拉斯的城市結構時，你會發現這個城市的奇特之處在於它是以一個優雅的商場為中心而建的。它是美國最奢侈的商場之一。這個非凡的城市，歸功於內曼‧馬庫斯富有啟發性的城市規劃創意：為世界上最富有的人提供最昂貴的商品。歐洲的讀者看到這裡也許會很吃驚，竟是內曼‧馬庫斯商場讓達拉斯揚名美國，甚至是全世界。

我不是一個人去的達拉斯，還有一個法國顧問安德列‧雅內一同。他已經在美國生活多年，負責確保我在達拉斯期間的行程順利。他告訴我，好萊塢著名的時裝設計師愛琳，還有義大利著名的鞋子設計師，薩爾瓦托雷‧菲拉格慕會與我同時接受頒獎。三個人同時領獎的安排平息了我的擔憂。但是雅內隨後的講話又讓我的恐懼加倍，他說我將在三千人面前站在一個鎏金的講臺上接受這個獎盃。這個奧斯卡獎盃是一個鑲嵌在烏木上的銀匾。讓我懼怕的是，領獎的時候，我要用英語做簡短的發言。在達拉斯，天氣相當炎熱，可當我得知這些消息的時候，感到渾身冰冷。

那天晚上我睡得不好。不過第二天，我還是遇到了很多新奇事物。我第一次遇到這樣的早餐食譜，在達拉斯接下來的幾天我都是在吃它們：成堆的三明治、冷火雞肉和維吉尼亞火腿，它們很對我的胃口。我是站著狼吞虎嚥地吃完，然

後弄一杯柳橙汁（那裡根本沒有酒，而我又不喜歡喝冰水和冷牛奶）來喝。

晚上九點的時候，我終於可以坐下來了，但是，哎，就是坐在這有名的鎏金講臺之上，三千名觀眾之前。內曼・馬庫斯的中央大廳用金色裝飾，一片掛滿果實的橘子樹林把它變身為希臘女神赫斯珀里得斯的花園。當管弦樂隊開始演奏時，身著我設計的服裝的模特兒魚貫而行。但我已經疲憊了。整個下午我都在試圖說服那些提問者，晚裝最大的吸引點和新穎之處就是在於把胸部曲線展示出來。可惜那個時候瑪麗蓮・夢露（Marilyn Monroe）還沒有成名，每個人看著我的神情都好像在說我犯了一個可怕的、失禮的錯。

現在，頒獎的關鍵時刻降臨到我身上了。同伴都已經領了獎。我還在那裡等著，像是一個經過特別挑選的受害者一樣。突然間，就在菲拉格慕先生領獎的時候，我的恐懼被一股靈感所取代。到底人們對我有什麼期望值？一個古怪的巴黎服裝設計師在海外，僅僅是到此一遊，還是把這個角色演好呢？鑑於我一直都很享受玩角色扮演的遊戲，我決定在這個晚上飾演一個叫做克里斯汀・迪奧的時裝設計師，他不會說英語，要湊合著把演講完成。屋子裡的人群爆發出陣陣笑聲。在掌聲中，我如釋重負地走下領獎臺。我沒有讓大家失望，我即興的戲劇表演一直貫穿在我的美國之旅中。

我依依不捨地離開了達拉斯。馬庫斯家族私人友好的態

度，讓這次官方之行變得非正式且充滿情誼。美國人能夠在生意聯繫和熱情的友誼之間自如地切換。這讓人心生愉悅。

　　我預備進入到一個更為熟悉的世界：加利福尼亞，所有美國人的世俗天堂，當然也是很多歐洲人的夢想之地。我期待著永遠溫暖的氣候，永遠燦爛的陽光，蔥郁的樹林，繁盛的鮮花，被太平洋刷洗的寬廣細沙沙灘，好比一款超級版的里維艾拉。我也準備好前往洛杉磯和貝芙麗山，電影明星們住在夢幻般的豪華別墅裡。我在這些心中所想像的畫面裡加入了坎城和波托菲諾生動的地中海色彩。在我抵達這個人造伊甸園之前，亞利桑那州闖進了我的視線，亞利桑那荒蠻的實景，挑戰著我曾經的想像：大峽谷、月光沐浴下的群山、石林。這讓我想起了達利的畫，在他的畫中也有同樣綿延的懸崖，在這裡，則由稜鏡分解的太陽光各色色調調畫而成，看起來像極了被凝凍起來的彩虹。

　　在經歷過如此有啟發性的自然景光之後，洛杉磯和太平洋海岸成了我所期待的反面形象。大海很灰暗，不見湛藍，一連串的油井，岸上那些房子和英吉利海峽上的那些房子如出一轍的乏味。洛杉磯，名字如此迷人，但我敢說在法國不會出現這樣的城市規劃。法國人如果目睹這樣一片占據五百平方英里的巨大建築群，沒有不會覺得震驚的。這裡的居民也常把它當做笑話的題材。

　　儘管洛杉磯不是克里斯汀‧迪奧所期待的樣子，洛杉磯

卻在期待著他的到來。記者招待會、無休止的探店、害死人的雞尾酒會、自助午餐、時裝秀和傾瀉而至的匿名信，內容是反對「解放胸部」、圓潤的臀部、長裙子，總之就是對新風貌表達各種不滿。對此我已經能夠冷靜地應付自如，在鎂光燈的閃耀下微笑、握手、喝柳橙汁，我已經對自己在達拉斯創造出來的那個角色信心倍增了。

貝芙麗山與我想像中的景象相反，明星們大多都已經前往度假。其中一些熱情的東道主把我介紹給孟德爾女士，在他們漂亮的家中舉辦了一系列的歡迎儀式。我再次遇到了勒內‧克雷爾和布羅尼亞爾，才發現他們身上帶有的來自遙遠法國的濃重氣息。我運氣太好了，還在這裡與格羅夫斯和簡‧馬尼安結下了最真摯的友誼。我還被帶去參觀了二十世紀福克斯電影城，這個奇妙的「夢工廠」把我迷住了。然而最讓我開懷的是，來到了加利福尼亞的鄉村。

綠絲絨般延展開的大地上點綴著柳丁樹和檸檬樹，像極了諾曼第和那不勒斯周邊地區，以及在巴斯克海岸清晰的光線中看到那種的豐富多彩的景色。

美國的西海岸類似於瑞士的德語區，分成了兩大陣營。在瑞士，就有著熱情的巴塞爾派和與之有別的蘇黎世派。美國人則分成了舊金山派和洛杉磯派。我更喜歡舊金山派，這麼說確實無心冒犯我的洛杉磯朋友。這個城市的山坡上散布著粉色、淺綠色和黃色的房子。三面環水，世界上最長的大

橋裝飾著海灣，混雜著相似於那不勒斯、伊斯坦布爾、中國和主題公園的吸引力。這裡的街道是它的最大特色，四十五度傾斜的峭壁上鋪設了階梯當作人行道，纜車充當有軌電車。我有提過月光主題公園是我最不喜歡的嗎？自小我就很害怕過山車和射擊滑道。但舊金山是如此的美麗，以至於我能拋卻童年時期頭暈目眩的可怕回憶，深深地愛上她。我不敢想像這裡的冬天會是什麼樣子的。值得高興的是，這裡的氣候一年四季都像是開了空調一樣的舒適，涼爽而不太乾燥。

大批的人群到機場來歡迎我。等待著我的是幾十個邀請，這樣我很難取悅每一個人。我被贈予一條金鑰匙，前往城中的一家俱樂部。而另一邊廂，又有一大堆人在另一家俱樂部因為我的缺席而感到非常惱怒。

幸而舊金山隨和、快樂的氛圍讓這些小混亂得以輕鬆化解。我很快就認真地完成了所有的活動任務，無論是出於禮節考慮的，還是商業義務的。有了自由活動的時間之後，我把整個城市從頭到腳探索了一番。

當我踱步走進中國城的時候，我想像自己就是一個中國人。街上裝飾著各式招牌，因為它們的不可理解而具有誘惑力。商鋪裡陳設著的東西都讓人好奇心大發，都是些能讓十八世紀收藏家的櫥櫃增輝的東西：蘑菇、皮蛋、魚翅、曼陀羅草的根。業餘煉金術士能在這裡找到他需要的所有東

西。然後，在黃綠色山尖的教堂前的廣場上，我轉世成為了西班牙征服者。在碼頭區溜達的時候，又儼然是一個那不勒斯人。最後在海灣的尖角上，我回歸法國人的身分，因為在那裡我看見了柯羅與奈提爾的畫展正在幾乎是榮譽軍團酒店複製品一般的一棟建築裡舉辦，門面上還刻寫著「榮譽和家園」。

　　後來，舊金山還給我帶來了另外的驚喜。在我匆匆離開舊金山後不久，法國的朋友就告訴我這個城市的藝術史博物館收藏了我的好幾款設計，作為永久展品展出。

　　我從舊金山乘坐火車前往芝加哥。真不知道該怎麼樣評價這列火車好。舒適得就像是豪華酒店裡的房間，同時又壓抑得像是醫院病房。它看上去似乎太輕了，以至於不斷地搖擺和「跳舞」。我在碰撞和顛簸當中穿越西部雄渾輝煌的風光，已經準備好去看芝加哥截然不同的風貌。我從黑幫電影裡面，甚至是透過記者招待會，已經很熟悉芝加哥了。我在美國參加了不少的記者招待會，並從中發現了這些問答遊戲的有趣一面。面對提問，你必須把以往哪怕是最輕鬆的一個決定都要加油添醋一番講述出來。面對一些記者招待會上出現的這種天真的暴行，我也發展出一種特殊的禮儀規範。遊戲的規則是你必須按照採訪者預期的方向去說，這樣就不會冒犯他們了。避重就輕，你就能轉移話題。期間的藝術在於無論所說還是所做都得提供娛樂的元素。

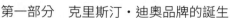

全世界的媒體問的都是同樣的問題。「這裡的女性是世界上最美的嗎？」我的回答總是一成不變：「是，但法國的女人也不錯。」

「裙子應該多長才合適呢？你下一個系列的風格是怎麼樣的？」

像這樣的問題，我非常坦率地回答連我自己也都還不清楚。這通常都是真的，不過即使有時候並非如此，它也是一個保持緘默的好理由。

在前往芝加哥的火車上，我排練要講的笑話，練習表情和姿態。充分準備之下，我希望走出火車站的時候不再焦慮無比。可想而知，當我下車後，看到那些等著採訪我的面孔上帶著我剛剛釋放掉的焦慮神情時，我是多麼的驚訝。他們簇擁著我到等候著的車子跟前。只有當車門關上的時候，我的保鏢才鬆了一口氣。那場景好像是我們剛剛從一場暗殺活動中逃離出來。然後他們向我解釋由於火車晚點，我要趕緊更換衣服，以求能趕上那個已經開場了的時裝秀。

和他們外在的名聲不同，美國人也許是世界上最不著急的人。我對被如此地催促感到不解。直到我來到接待處才發現個中原因。大堂裡，其實在火車站就已經是這樣了，一群嚴陣以待的家庭主婦，巡迴走動地揮舞著標語牌，上面寫著：「打倒新風貌」、「燒掉迪奧之家」、「克里斯汀・迪奧，滾回家去」。

　　為了從這股怒火中脫身，我這個新時代的奧菲斯，必須不露聲色地從她們中間穿過。我的護衛隊想要把我掩護起來，然而他們的過分小心是沒有必要的。我冷漠的外表就是最好的保護層。我不知道在這群反對者的心目中，我這個討厭的迪奧，是個什麼形象。也許在她們的想像中，我的外型是一個萬人迷男生的模樣。好歹，我沒費什麼力氣就穿越了大堂。我面無表情的諾曼第人形象，沒有引發哪怕最微弱的一絲好奇心。這倒讓我挺失望的。

　　每當我有點閒置時間，就在芝加哥閒逛，我很確定我不會被任何人認出來。與紐約或者波士頓的知識分子們，和那些到美國來旅行的大多數歐洲人的意見不一致是要冒上點風險的，但我還是得公開表達我對這座城市的看法：這是一座充滿欲望和矛盾的城市，最離譜的奢侈品與最令人不安的貧困並存。在密西根湖畔的酒店、摩天大樓、銀行和私人樓宇的門面之後，你才會看到芝加哥的真實面孔，這是唯一的一座像極了電影和小說中描寫的美國城市。大樓旁蜿蜒而下的消防樓梯、高架橋、五彩斑斕的霓虹燈、積滿了灰塵的窗戶、街道上不同族裔的人群，各個移民街區 —— 希臘、波蘭、立陶宛和匈牙利等。從包裝廠的煙囪冒出來薄薄煙塵把一切都籠罩於其中：這就是美國，最真實的國家精神的表達。

　　儘管惡名遠播，芝加哥還是世界上最有詩意的城市之一。其它的先不說，它擁有一家能夠欣賞到世界上最棒的印

象派系列作品的博物館。法國人看到這些大師作品從它們被創作出來的地方被流失到這裡自然是傷感的。我們國家的博物館的惰性，藝術經銷商的貪婪，公眾理解的缺乏，導致我們只能在本土以外的遙遠地方來欣賞這些畫作。

在「黑幫之城」之後，我來到了華盛頓，外交官之城。叫我怎麼能不欣賞這裡的景觀呢？它讓人想起凡爾賽宮，這座城市還是出自法國設計師之手。歐洲人和美國本土的遊客通常會一致同意華盛頓的城市氛圍是僵硬和令人生畏的。就我個人體會來講，雖然法國使館的博內大使及其夫人友好地表示了歡迎，但冷漠感還是比其它任何感覺都還要強烈。以一個不敬的旁觀者的角度來觀察外交官的世界總是很有意思的。此外，我格外欣賞那些名聲在外的華盛頓聚會上的女主人，她們個性十足，在她們的招待過程中，流言蜚語可以填滿整個美國的八卦專欄。這些女士是真正的女王，她們身處一個仍以自己是最民主的共和國而感到驕傲的國家。

從華盛頓的帕拉第奧風格大理石門廊到波士頓的彩繪木質廊柱，我穿越新英格蘭，最古老、美國文明化最高的一部分。在波士頓，我再次找回了我所鍾愛的英式生活方式。我把大量的時間花在流連於當地非凡的博物館和大學裡。老被譴責故意擾亂嚴肅機構的法國學生也許很難想像這種舒適和優美。這樣宏偉的校園也為年輕人們準備了一個我們生活著的星球上最嚴酷的環境嗎？

最終，我又回到了紐約，這既是我行程開始的地方，也是結束的地方。最初，我只是與它擦肩而過，就像開車匆匆經過巴黎的普通美國人一樣，我對紐約並沒有多少認知。我樂於前往拜訪那些在戰時就已經遷往紐約，並決定在此安家的老朋友們。是他們教會我認識、理解並愛上紐約的。從那時起，我又來過紐約二十次，現在它幾乎是巴黎以外我的第二個家了。

我在紐約的第一個發現是，作為世界上的大都會之一，紐約實際上就是一個大村莊。它有著嚴格地理限制的二十條街。其中有五個酒店、三家餐館、四家夜總會。只有在那裡，你才能確保遇上五百個紐約人。交通堵塞令汽車無法使用。沿著人行道漫步，每天你都會遇到這些人，就像是你在巴黎沿著林蔭大道而行的情景一樣。如果你偏離了第五大道和公園大街，你已然離開了這個村莊，你就有在黑人住宅區、商業區、西區迷路的危險。不過很可惜，沒人希望住在這些地方。不過住在布魯克林是完全沒有問題的。看上去，它比康涅狄格州和長島的距離都還要遠，但實際上並非如此，並且絕對是「咖啡公社」的支持者們最能接受的居住地點。

紐約的「咖啡公社」就像英國的俱樂部一樣，是高級奢華的團體組織。它的成員經常出入之前提到的那五家酒店，三家餐館廳和四家夜總會。他們只和彼此會面，活動的範圍

東西不超過東河大道和第五大道，南北不逾越第四十五和第十八大街。這些邊界被如此精細地定義，如果我搞錯了，只能為我對數字的記憶力不好而道歉。這種封閉的邊界比起中國皇帝的紫禁城和教皇的梵蒂岡還要嚴格。「咖啡公社」活躍在摩天大樓的庇護下，正像法國的村民生活在集市廣場的陰翳下。金融人士每天都可以到華爾街上去，精緻的女士們每個週末都能前往長島，甚至可以去歐洲，但如果不是在這個神聖的極限範圍內，他們的私人生活將無處安放。忠於這種生活方式的結果是你總會在老地方見到老面孔。你們對彼此習以為常，一旦你掌握了這個部落的通關密語，你會獲得愉悅的歸屬感。

除了與「咖啡公社」的成員們愉快相處之外，我還繼續深入了解美國人的生活方式。我相信二十世紀的所有人都應該去熟悉它。在我就要離開紐約的時候，有一種不可思議又頑強的念頭油然而生：有一天我會再回到這個埃爾多拉多（傳說中的黃金之城），獲得某種成功，贏得一片安身之處。與這種念頭相隨的還有一種模糊的願望，對於生活在 1974 年的許多歐洲人來說，一腳站穩在美國，另一隻腳留在舊世界歐洲，是一種理想狀態。隨著時間的流逝，我發現自己沒辦法在故土以外的地方永久生活。而重遊紐約的感覺一直快樂如初。

法國人通常認為紐約就是高樓大廈的聚集體，街道縱橫交錯。這個城市的幾何形狀富於變化。但它是空間或者實體

的存在，而不是平面幾何。這個城市最觸目驚心的特徵就是
高聳入雲的大廈和低矮的樓房並列存在，豪宅和貧民窟彼此
對視。這種並存沒有給任何人帶來困擾，沒有人覺得需要一
個緩衝過渡帶。出於對古董傢俱的愛好，我來到了古董街。
接著繼續探索了格林尼治村，它之於紐約，就像蒙馬特、蒙
帕爾納斯之於巴黎。在這裡的街道上踱步，總會不知不覺就
走到了西區。一個星期天的早上我還走到了華爾街，這裡像
極了寂靜冷清的教堂中殿，在安息日裡看起來，又猶如一個
沉沒了的大教堂。在紐約打車很難，尤其是下雨天，比起世
界上其它城市裡的人，這裡的人要走更多的路。

　　現在我可以談談那個被問了無數次的問題了，我完全了
解這也是我的讀者們正等著我去回答的：「你覺得美國女人
怎麼樣？」

　　我的回答可能會讓他們又驚異又失望。那些好萊塢塑造
的金髮、苗條、高挑的美國麗人，在現實中看來和她們的歐
洲姐妹無異。有高挑的，亦有小巧玲瓏的，有金髮的，亦有
黑髮的。其中的差別就在於日常的護理，美國女人的妝容總
是那麼的精緻。雖然美國女人在戰後很短的一段時間裡確立
的獨特的非凡優勢，很快就不復存在了，但在欣欣向榮的美
國，她們的服裝、髮型、指甲和鞋子全部都是無可挑剔的。
而且無論處於社會的哪個階層，百萬富翁還是電梯女郎，都
是一樣的。

我本應樂於見到國人仿效這種無瑕疵的狀態，但同時我覺得歸根結底還是要給予人和諧之感。除了這種溫和的批評，我敢說美國人對於美的追求是成功的，更為自然，且沒那麼人工。她們也是能夠達到完美的。在 1947 年，為了捍衛個性，美國的女士們調動了所有豐富多樣的成衣資源，往往效果不佳，這樣的服裝令人遺憾地缺乏洞察力。在這裡買一頂帽子，那裡買一件大衣，再從別處弄來一條連衣裙，這些作為單品都足夠好看，但穿成一身就不行了。我察覺到紐約朝氣蓬勃的氣息為顏色的大膽實驗提供了合理性，從汽車上的繪畫到乘客們的連衣裙和男人的領帶都有所體現。某種誇張的品味損害了美國女性的時尚天性。

　　但事情已經發生變化了。就像法國放棄了愚蠢的乍祖風潮一樣，美國人也對自身的誇張風格進行了修正。法國女人越來越注重服飾，也得益於越來越多的服裝選擇。美國人影響了歐洲，反之，歐洲亦然。地球上這兩個地方的女性更像是骨子裡的親姐妹，長期的分離並未有損彼此。這些年來，紐約人的妝容發生了變化，亦已發展出來了偏愛淡雅色彩的品味。這是一種最為聰明的時尚品味。

　　在美國停留的過程中，最讓我警覺的是那種花大量的金錢，卻幾乎沒有獲得任何真正的奢侈品的習慣。美國代表著數量對品質的勝利。批量生產是主流。男人和女人都只是傾向於購買許多平庸的東西，而不是精挑細選少數的精品。美

國女人奉行樂觀主義的信仰，花錢完全是為了貪多務得。她通常一口氣買三件衣服，也不會去買一件漂亮的。她不會為一個這樣的選擇而徘徊猶豫。因為她明白自己的華麗願望只是短期的，她正在買著的衣服，很快就會被她丟棄一邊。

儘管如此，紐約的女性還是不可思議地抵禦住了壞品味的侵襲。她們的時尚雜誌給她們示範了最佳品味，她們的百貨商店給她們提供世界各地的產品。她們的成衣業強得不得了。但在法國，我們還是說美國女人不知道怎麼樣去買衣服。在法國，我們買東西是因為我們認為它是精美的，或者是手工極好的。我們考慮它的外在的同時，也在琢磨它的使用功能怎麼樣。

我們能因此就斷定豐裕的選擇會挫傷好品味嗎？貧窮是一根驚人魔術棒。一個只買得起一條連衣裙的女子，通常會陷於究竟選擇哪一件是最值得買的麻煩當中。她常常比那些有著一大衣櫃的女人衣著更具風格，更優雅。為什麼這麼有錢的美國人，會有這樣廉價時尚的主張？

對美國的這些反思，沒有讓我得出悲觀的結論。我們創造著自己生活的時代，轉過身去視而不見是再愚蠢不過的做法。在這個有名的「咖啡公社」，我有著很多富有魅力的朋友，只是代表了美國極小的一群人，而他們也正在消亡當中。這種老式的百萬富翁和最後的印第安人一樣變得越來越稀少。很快，當奢侈的生活方式被工業帶來的普遍舒適生活

所取代，人們就會無法把他們從富裕的工人當中識別出來。

　　另一方面，巴黎代表了一個時代的終結和完美。那裡比其它任何的地方都要更了解手工代表的特質。我們法國人必須要維護這個傳統。我在美國的遊歷，幫助我更好地了解法國和它的資源，也讓我產生了回國去的強烈念頭。我已經充分感受到二十世紀「功能性的」表達。現在，儘管紐約還是如此的榮耀和偉大，我開始嚮往古歐洲。

　　這幾週在美國體驗的生活方式無疑是美妙的，我在那裡養成的習慣，在回到歐洲之後得小心戒掉。那是完全不同的一種生活方式，更為古典，也更加符合我的天性。當我回到家的時候，我親吻大地，向每一片草葉問好。

　　每次我回到家，都會有很特殊的情感湧上心來。有的人沒有產生過對某種文明的充分依戀之情，是體會不到這種感受的，我對此感到惋惜。即便是最不起眼的景色，在我眼裡也是沐浴在一層與別不同的光線當中，這就是我的祖國之光。這些隨著時光流逝而布滿綠鏽的石頭，是屬於我的石頭。就算是我所厭惡的法式粗枝大葉，也是屬於法蘭西的，對於我來說也不乏魅力。

　　當我回到家的時候，巴黎還沒有忘記那場戰爭。房屋牆壁上的傷痕還在。城市的上空懸浮著法國清澈的藍天。這是我們摯愛的、無可比擬的天空。

第二部分
實現服裝的創意

第一章　一個服裝系列的創作

　　有人認為時裝設計沒有靈魂，儘管我對建築和室內裝修也頗有興趣，但只有服裝是我的整個生命。我所有的所知、所見或所聞，我生命中的每一部分，最終都轉變成了我設計的服裝。它們始終縈繞在我的身邊，直到從我的夢境裡走到現實，成為實實在在的時裝。

　　那麼一個服裝系列是怎麼樣創作出來的？我常被問道，從哪裡獲得設計的靈感，坦白說我真的不知道。也許如果有一個心理學專家，同時他也必須是一個服裝設計師，透過對比我的一系列設計，有可能能夠重構我的思考歷程。如果他像其他人一樣，熱衷於想像設計師就是翻閱厚厚的檔案來獲得靈感的話，他將會一無所獲。我不會說從歷史的資料當中尋找靈感的做法是錯的，但是我會說這種做法從來沒有給我過任何幫助。如果把一份確切的歷史資源放在我跟前，與其說能刺激我的靈感，倒不如說是遏制了我的想像力。一個國家、一種風格或者說一個歷史時期，有意思的部分在於它們背後的思想。翻看過往的設計，非但不會獲得新鮮的靈感，也許會讓人傾向於抄襲。當我為歷史劇設計戲服的時候，在查閱完相關書籍之後，我會堅決地把書本合上，並將其束之高閣。經過一段時間的沉澱之後，我才會拿起筆來創作。只有這樣，戲服的設計才能重現這個戲劇的發生地、所在國的

精神層面。當然，到展覽或者博物館裡面去也會獲得激發創作細節的靈感。

時裝是有它內在的生命和自身法則的。日常的思考不適用於時尚。就我個人來說，我知道我要給我的設計賦予些什麼東西：關懷、痛苦和熱情。我的設計必須反映我的生活，展示與之一樣的感覺、一樣的歡欣以及敏感。有些設計也許不如意，而另一些會讓我心滿意足，就像是我細心對待它們得來的結果一樣。

我生命中最充滿激情的冒險就是我所創造的時裝。請允許我用這樣的措辭來形容它，它們事前占據了我，期間占據著我，事後也占據著我。這種既邪惡又狂熱的循環，讓我的生活同時處於地獄和天堂之間。

時裝在渴望的驅動當中誕生，在嫌惡當中尋求改變。喜新厭舊迫使它燒掉近日被喜愛的偶像。時裝的首要需求是取悅和吸引。這種吸引力無法在統一的形式當中獲得，千篇一律只會讓人心生厭煩。這就是為什麼時裝的發展沒有邏輯可言，它只有一種邏輯敏感，遵循一種或者兩種回饋：反應或者認可。

在十月底，經過三個月的專注思考，我已經把「我仍然喜愛的」從那些「我不再喜愛的」事物中挑選出來，朝著「未來我喜愛」的那個方向加速前進。在我向公眾展示最後一個設計系列的當天早上，我與時裝季節性的愛戀就開始了。

躲在灰色綢緞布簾之下，我站在了走秀大廳的後面，豎起耳朵想要聽到關於我的時裝首秀的反映。因為這才是我設計的服裝的生命的開始。服裝就像某些女人，只有在獲得愛慕之後才會煥發生命的光彩。於是我反覆認真檢查穿在模特兒身上的樣衣，某些模特兒所演繹的樣衣帶出的效果是我特別關注的。我充分從朋友、顧客、記者和專業買家那裡聽取意見。他們的寶貴意見對服裝首秀之後的設計大有裨益，要知道經過第一次時裝發布會的成功之後，在大家的祝賀聲中，我曾感到一種莫名的迷惑。我的觸覺很敏銳，能察覺到人們面對每一件時裝時候的細微表情。一件服裝的成功會讓我歡欣鼓舞，我也會因為某件不太成功，或是幾乎接近成功的衣服感到沮喪。如果聽到有人在邊喝著香檳邊低聲議論我的服裝，即便是最輕微的批評也會讓我怒火中燒。讓人納悶的是，在服裝發布會上，有時候那些我最為喜愛，最寶貝的服裝反而淪為了壁花一般的存在，因此在成功的甜蜜裡難免摻雜著些許苦澀和失望。

正如我的歷史學家朋友加克索特所說，要待五十年過後才能對一個歷史事件給出成熟的意見。而我在投入下一個系列的設計之前，用來反思上一個系列的時間連三個月都不夠。科克托說過「時尚易逝」，它的節奏自然比歷史的發展要緊湊得多。

發布會之後的幾周對於下一季的時裝來說有著決定性的

影響。我會利用這段時間來進行自我反省，並從報紙和雜誌的照片或者繪圖得到啟發，給下一季的創作帶來完全新的思路。某個我無心插柳而成的細節，在後來的製作過程中也未多加留意，此時會奇妙地浮出水面。它以一個獵奇的角度或者是在不期而遇的光線下，被畫家的筆或者是攝影師的鏡頭所捕捉到。也許這證明了我的作品是獨立於我而存在的，而與此同時，它又在向我宣誓效忠。

　　最有效的方式是去了解顧客們穿上我的衣裳後的效果。儘管我很少去更衣室那邊，但是對於衣服的評價總是會及時地通報給我。因此我對於單個顧客和專業買家對於時裝的不同選擇是盡在掌握的。加上來自工作室的其它彙報，這些資訊編織成了一張大網，在此基礎上，我將制定下個時裝系列的主題。在這個時期，我會一再遇見我的服裝。就像一個親密的朋友，我在晚餐時，舞會間遇見它們。遲些時候，走在大街上也能碰到它們，但這些已經不是我的原版設計，它們已被抄襲盜版。漸漸地，我還會發現在其它商鋪的櫥窗上展示的那些服裝，或多或少地都是對我原創構思的一種滑稽模仿。就算是這些抄襲的服裝，看上去更像是已經變了形的我的作品，也不是一無是處的。這些形態上過度飽和的服裝，提醒了我那些我曾經掉進過去的陷阱。對我來說既是警醒也是鞭策。每一個女人的性格都不一樣，有著她獨特的衣著風格。同一件服裝，瑪麗穿出來的神韻和尚塔爾的大相徑庭：

有人穿上黯然無色，有人穿上則神采飛揚。雖然發現了這樣的區別，我卻還不清楚這背後的原因。

精確的度量和專業的眼光，顯然是我所擁有的，我想我將會永遠帶著它們。有人告訴我，女人們害怕我嚴厲的注視，她們感覺在我的眼光底下彷彿裸體一般不自在。這樣想的話就錯了。我的眼神只是在給她們換上另外一件時裝，而這種無害的意圖必須透過我的眼睛來完成，這卻讓與我交談的女士們覺得尷尬，我在第一次聽說這種想法的時候，也陷入了複雜的思考當中。我對所有女士都一視同仁，無論是親密好友，還是完全的陌生人。偶爾，我專業的目光也會忘記對一位穿著我的服裝的漂亮女士送上讚美的神色，這是因為我似乎已經把她光彩動人的部分功勞歸功於自己了。這種慎重的態度有它的好處，在我感到自滿的時候，能使我保持沉默；在我失望的時候，也能幫助我隱瞞我的反應。我發誓不能在此提起任何人的名字，不然這本書就成為一本選美的花名冊了。但我要借此機會對所有的女士表達我由衷的感謝，她們穿起我的服裝讓我感受到了穿著我的作品的樂趣。

我在擔憂著自己的服裝外在的穿著表現，也在關注著對手的情況，從他們的情況中可以看到那些我也在面對著的問題是怎麼樣被解決的。這種又奇異又微妙的連繫，對製衣者彼此都產生了影響。每一季，在不同的時裝公司，都有著兩種或者是三種，可能是偶然得之，也有可能是透過精心挑

選出來的實驗性質的樣衣。這些樣衣將決定著未來的服裝趨勢。同時，媒體也在這一季的時尚趨勢上加強了人為的統一。這種顯而易見的壓倒性風潮，是記者和顧客們選擇的產物。廣泛的行銷管道和口號引發的現代品味加劇了這種風潮的簡單化，促使所有的女性都去購買差不多的服裝。這樣一來，每個系列就有著二十件最佳銷量單品。

在它們的陰影之下，上文所說的試驗性質的樣衣，經常不受重視而被錯過了。然而，專業的眼光不會被愚弄，每一個設計師都能夠從中獲益，這種收穫可能是即時的，也可能在幾個時裝季之後才能領悟。等那個時候時機到了，這些樣衣就會得到充分的發展，取代眼下的潮流。正是這些樣衣鑄造了時尚，正是它們提煉出聞名遐邇而獨特的巴黎氣質。優雅的清醒和稀有的好品味都不足以解釋為什麼儘管每個人都小心翼翼地守護著這麼多系列的服裝的祕密，卻都還是在指定的日期披露出相同的神奇公式。

這種季中系列象徵著工作從純分析階段進入到了創作的通道中。在主系列之後的三個月，每個大型的時裝公司都會把公司的設計理念製作出一種修改合成版本，這也是一種「消化」行為。這種季中系列意在透過推出三十件新的樣衣，重新喚醒公眾的興趣，其中一些樣衣是為了強化上一個系列的主趨勢的，另外一些則是為一些新設計鋪平道路。然而，隨著時裝季變得越來越長，熟手工人越來越少，這種季

中系列，也就日漸消亡了。

　　這就是我樂於為紐約的分公司設計新系列的原因，它滿足了我季中系列設計的願望，這可是戰前的老傳統了。在巴黎的設計裡，我已經傾注了全部的精力，在這個熟悉的主題裡繼續前行，我可以進行一些修改和轉換。有些樣衣需要進行調整來迎合美國的成衣需求，這個市場量也要大得多。通常，我都會進行簡化處理，但是一旦乘著先前的靈感，很容易就會給樣衣添加新的元素。人們對於抄來抄去的衣服也會感到厭倦。漸漸地一種過渡風格產生了，變成了一種紐約的全新系列，不再與原來的巴黎系列如出一轍，其中總有一些樣衣能夠預示出明日系列當中的主要潮流趨勢。在做紐約系列的設計之前，我習慣於先讓自己放空一個月。

　　時裝設計師這個職業對於不知情的人來說，有一點是難以理解的，那就是服裝設計總是反季節而行。冬季系列是在紫丁香和櫻花盛開的季節展開，夏日系列在第一片樹葉或者雪花飄落的時候啟動。我們服裝設計師就像是詩人一樣，需要有點懷舊之情。我們在冬天裡夢想著夏日，反之亦然。我不可能在八月裡設計出一件夏衣，這就如同要拋開一個系列的大前提去單獨設計一件衣服一樣困難。把設計師從當下的一季中遠遠地隔離開去，讓他忘記之前已經完成了的那些多樣的設計，對於投入新的設計來說是必不可少的。

　　現在來談談我的創作過程。一開始，我會任由各種怪誕

的想法和好奇迸發出來，但是卻不做任何事情。我害怕過早的設計，如果不能夠得到充分的發展，會在將來羈絆著我。在喜憂參半的心情裡，我定好了設計的方向，迫不及待地想要落實到紙上。我得花上好幾周的時間來孵化我的構思。於是，我回到了鄉間。這次旅程類似於鰻魚向著馬尾藻海遷徙，或者是企鵝向海島彙集。在我出發的時候，就可以預見到，在這個月的 1 號和 15 號之間，我會在數不清的紙片上畫出一大堆只有我才能解讀的種種圖畫。

　　我到處信手塗鴉，無論是在床上、浴缸裡、用餐時，還是在車裡、步行的時候、陽光下或室內，晝夜不分。當躺在床上或者泡澡的時候，人的身體意識沒那麼的清晰，按我說，此時人在精神上是處於放鬆的狀態，對激發靈感大有裨益。還有很多激發偶得靈感的元素，石頭、樹木、人或者僅僅是一個手勢、一道突然閃過的光，所有這些都有如蘊含著低聲細訴的暗語，需要馬上解讀出個中意味。達文西（Leonardo da Vinci）曾在佛羅倫斯的鄉間散步，仔細觀察土地和天空的模樣，把它們轉變成畫布之上的光斑。我當然不能自比達文西。不過我的設計，也是來源自周邊的靈感，我的想像力在我看到的每一件東西上都插上了翅膀。

　　有時候，突然間，一道靈光就像閃電一樣擊中我。我充滿熱情地在這個主題上創作出無數的變數。第二天，有可能是另一個線條，另一個側影輪廓來激發我的想法，到了夜

裡，它們又化成了別的靈感。這種設計的感覺就像是你在外出度假的時候，遇到朋友一樣。你很確定地告訴自己，這是你的朋友無疑了。面對樣衣，亦是如此，基於你已經如此熟悉它們，以致於產生了一種合謀感。總的來說，這些樣衣是在電光火石般的靈感裡面獲得的，可以說是最成功的設計了。

　　一點點地，厚厚的畫紙像小山一樣堆了起來。瘋狂的手繪最終停了下來。是時候用新的方法來對待這些草圖，以便於充分發揮它們的潛能了。我就像一個麵包師傅一樣，對於什麼時候把揉捏好的麵團放在一邊醒麵瞭然於胸。現在新風格的基本輪廓已經確定了，我也就停手了。接下來有好幾天的時間，我把與時尚相關的所有想法都拋諸腦後。透過這樣的調整會讓我對自己的設計更有把握。我把所有的草圖都檢查了一遍，從第一張，只是粗略的輪廓草筆，到最後一張，畫出了清晰的形狀。對草圖進行遴選的過程多少有點自動化。一開始我就知道哪些是好的，哪些可以自行淘汰。在接下來的兩三天裡，我又畫了幾百幅圖，為的是讓我的想法更清晰。源源不斷的想法從我的腦海裡面洶湧而至，一張草圖就可以激發出一個系列的設計。所有的這些圖畫都構成了未來的時裝系列基礎。現在我都等不及要把它們送到工作室去，好讓它們最後羽化成為實實在在的服裝。

　　到目前為止，我講的都只是服裝設計方面的事情。一件

服裝要成型，從製作、剪裁、粗縫到鑲嵌配飾，背後要有上千隻手在勞作。無論是普通小員工，還是最年輕的學徒，在蒙田大街上的迪奧之家裡，他們就是一群在蜂巢裡辛勤工作的小蜜蜂。從這一刻起，我把一逕圖紙，這燙手的山芋，交給了瑪格麗特女士。

我在工作室窗邊淺色的桌子旁坐下，瑪格麗特夫人、雷蒙德女士和布里卡爾女士在我身邊就座。突然間，我產生了一個疑問。眼前的這個工作室和我創作時候的光線是不一樣的。這裡是一種工作的氛圍，有一種緊迫的氣氛。對於我來說，原本如此熟悉的設計，在這樣的新光線下，會給我帶來怎麼樣的衝擊呢？草圖可能是粗糙的或者是細緻的。雙手的接觸，身體的姿勢和創作時候的心情都會對它產生影響。最終要的是這種設計能否被表達出來。服裝設計學校犯下的最大錯誤就是教學生們僅僅是把設計圖或者抽象圖畫完了事。然而想要激發裁縫師的熱情，引發我的關注，草圖必須彰顯出節奏和姿態，必須能夠喚醒沉睡的身體，必須是活生生的。

原始設計草圖，在古時有著富有魅力的叫法，它被稱為「原版設計」。像這樣的「小圖畫」只是一些潦草的亂塗亂抹，除了個別突出的新部件之外，對於如何拼接、縫紉，並沒有細節的指導意義。設計草圖被手手相傳，我也會在上面加以點評，並技術性地解釋一下如何裁剪和放置布料。這

是設計草圖轉變成為服裝的第一步。根據我忠誠的顧問的反映，我會對草圖進行再次的檢查。隨著設計越發地成熟，其中的偏好傾向也愈加明顯。

有的人會在某一個設計前面突然停下來並大喊：「噢，我太喜歡這個設計了！」

草圖被大家傳閱，細節也被仔細地研究。有時候，最後一張設計圖給我們的印象，讓其他的設計圖產生了新的意義。有時候，我們會不約而同地回看同一張設計。在多數的情況下，事情背後的相關性告訴我們這樣一個道理：最簡單的線條，最能自我表達的設計，其時裝的原理越是能夠不言而喻的，就越能贏得我們的喜愛。它用簡單的生命力征服了我們。剩下的就是賦予設計圖實在的形狀線條和「表達」。在我們的工作中，「表達」這個詞一再出現。

例如，瑪格麗特夫人常會和我確認：「我有沒有把你的意思表達清楚？」我有時會告訴裁縫師說：「你的服裝沒有表達我想要傳達的意思！」從設計到服裝，這其中的藝術在於獲得正確的表達。

有人會讚譽我，在每一季成功的服裝系列裡都有一個中心主題。我謙遜地接受這一稱讚。儘管每一個裁縫師對追求優秀的裁剪和縫紉帶有天然的焦慮感，他還是持續地充滿了自我表達的渴望。儘管服裝設計週期短暫，它所實現的自我表達卻不亞於建築或者是繪畫。

　　當我把所有的設計圖都展示完畢後，瑪格麗特女士就將它們按照裁縫師的個人喜好分發出去。裁縫師們是有一定的自由選擇度的，畢竟，一個人只能對其動了心的東西去進行「表達」。

　　在瑪格麗特女士分發這些設計圖的同時，她把我已經囑咐過她的那些要點也傳達了下去。有時候，當我走進設計室，她正好在向大家解釋要點。看到圍繞在我身邊的那些興致盎然、熱情洋溢的臉孔，我非常感動。每個人看上去都很緊張地想要抓住新設計的要領問題，唯恐錯失掉任何一個細節的介紹。就算是經驗老到的裁縫師也展現出新人一般的渴望神情和新鮮感。他們靈活的雙手承載著天才的技能。

　　服裝的創意像血液一樣在整座大樓裡流動循環起來。學徒和裁縫們被注入了血氣，這股澎湃的熱血很快也湧上了在模特兒樣衣上工作著的指尖之上。正是在這些手指的穿針走線之間，未來的時尚風格被決定了。在整整的一個星期裡，公司就像是一個忙碌的蜂巢，裡面充滿了各種專業疑惑和答疑。每個人都在竭力解決工作上的難題，也會互相參照彼此的解決經驗。在這個過程中，我的宗旨是堅決不干預。我相信，我的每一個員工有足夠的自由度來完成自我表達，還有餘地獲得片刻襲來的靈感。

　　裁縫師在拿到指派的設計圖紙後，會仔細地進行研究分析。當她來了感覺的時候，就會動手在模特兒模型上裹出造

型。然後，退後兩步，查看效果，修正、調整。她們也常常會把整個造型毀了重新開始。經過幾次無果的嘗試，造型的含義開始在她頭腦中清晰起來，衣服才開始成型了。漸漸地，設計圖的厚度在各個工作室裡減少了，在最能幹的領班的指揮下，

　　樣衣開始各自地有模有樣起來。

　　為了治好不耐煩的毛病，我會讓自己忙於為各款服裝挑選紐扣、皮帶、配飾和珠寶。我也會從幾週前就預訂好的成卷的布料裡面進行挑選，這過程就像是進行一種儀式一樣，我會在後文加以說明。在等待初樣製作的這個星期，我會讓自己投入到各種各樣的事務中去，表面上看來是在保持工作狀態，其實是為了讓自己的不安情緒得到緩解。

第二章　從初樣到時裝

　　新系列的到來就像是春天來到了工作室裡一樣。在淡季裡，工作室就像是一個白色、光禿、陰鬱的實驗室。現在，湧入的新面料就像是抽枝發芽的嫩條，朵朵綻放的鮮花。

　　工作臺上掛滿了腰帶。圍巾和帽子雜亂地擺放在架子上。架子上還有寫滿模特兒名字的黑板。無論從哪個方向看，都是一派新系列正在籌備中的景象。從這個羊毛和絲綢的快樂世界裡推出的服裝，很快就會走向大街，綻放異彩。然而此刻，這個空間正在嚴防死守，不給潛在的入侵者任何機會。一旦有陌生人正在靠近的信號傳來，白色的紗布就被拋扔起來，把新的布料和配飾都遮蓋個嚴實。忙碌的工作室變成了一間所有傢俱都被覆蓋起來的起居室，彷彿它的主人正在遠行中一般。這種小把戲每次都能把我逗樂。

　　一旦紗布被揭開，工作室又恢復成一個忙碌的蜂巢。大日子來臨了，第一批初樣被展示。當要把初樣展示給我的時候，瑪格麗特女士緊張到簡直要暈厥過去，裁縫師們則害怕自己會出漏子。連我自己也忍不住擔心，當我直面我的這些夢想中的孩子的時候，她們究竟是個什麼樣子？

　　接下來的時刻對於我們所有人來說都是鄭重其事的。第一批初樣大概有六十種，其中再現了最重要的草圖的設計。首先被呈上來的就是它們，我終於親眼看到了。

有兩三個模特兒被挑選來試穿給我看。所有這些花樣年華的女孩，都是既優雅又漂亮的，當然其中一些比另一些更能給我帶來靈感。我和這些女孩之間，毫無疑問地是意氣相投的，彼此之間都和善親近，我想這和神祕的吸引力法則是相契合的。作為一個專業人士，我得把成功的模特兒和「能夠激發人靈感」的模特兒區分開：她們不一定是同一個人，我看服裝系列的眼光和普通大眾的看法是相去甚遠的。成功的模特兒是外向的，對自己的職業引以為傲。她得「抓住」，或者用貿易行話來說，能夠「駕馭」這件服裝，使其暢銷。而能夠激發人靈感的模特兒，個性內斂，從初樣誕生的那一刻起，就能夠為我表達一件服裝專屬的情緒、傳統和表現風格。

　　在大眾的想像中，服裝設計師在模特兒身上華麗地比劃比劃就能設計出一款服裝。實際上，我們很少這樣做。只有在長期的初步準備工作和詳盡的規劃基礎上，我們才開始打造樣衣。在模特兒身上調試樣衣這個環節，只有在這個系列的服裝已經被完滿地裁剪過後，才有可能發生。

　　當模特兒穿上初樣之後，大家的反應不是「噢」就是「啊」。前者代表滿意，後者則是否定。還有一些表達更加直白。

　　「親愛的，這身衣服簡直完美！」

　　「天啊，看在上帝的份上，趕緊把這個東西扔到垃圾桶裡。」

如果初樣是成功的，它馬上就會被個性化地冠以各種暱稱；如果失敗了，就被貶謫為無名的「這個東西」。

很多時候，在設計圖上沒有引起我們注意的樣衣草圖，到初樣展示的時候反而讓我們眼前一亮，在這個基礎上，我們獲得了形成一套全新系列服裝的靈感。另外一些被看好的設計圖，初樣經過試穿之後，效果不佳，猶如贅瘤一般，被當即捨棄。還有一些樣衣出來的效果和我想像的相去甚遠，它們也不是失敗了，只是設計的意圖在某種程度上是被誤讀了。裁縫師，和攝影師、時尚藝術家一樣，他們會有自己的解讀，儘管那些都不是我設計的原意。任何需要其他人來進行理解的藝術，都會產生一些讓原作者感到吃驚的解讀。和戲劇是一樣的，服裝設計師也可以反過來利用這種意外的閃失。

如果初樣的效果是令人滿意的，我就會讓它繼續下去，否則，我會對原始設計進行重新思考，要麼向工作室更好地解釋設計意圖，要麼把它交給另外的工作室去做。有時候，我會把同一個設計圖委託給好幾個不同的工作室，這樣的話我將會獲得好幾款不一樣的初樣，我可以從中擇優選用，也可以在這個基礎上製作新系列。

對於裁縫來說，初樣就和設計圖一樣，都是模糊的輪廓而缺少細節。賦予初樣重大意義的是裁剪、線條和塑形。整個服裝系列就是基於初樣發展而來。像翻領、蝴蝶結、口

袋、袖口、皮帶這樣的細節，只有在它們是必不可少的情況下，才會在下一步被加上去。

　　初樣的首次試穿是一個最為關鍵的時刻，它影響著整個系列的發展。我將從這些模特兒中挑選出五、六種風格，禮服、套裝或大衣。

　　接下來，我召集所有的模特兒，讓她們穿上同一類型的初樣，套裝、晚禮服或者是褶皺連衣裙。整個環節直到所有的模特兒都穿上初樣被檢視一番，已經是入夜時分了。在我回家的路上，新的款型和側影在我眼前不停地跳躍晃動。我看到的每一樣東西都是處於一種混亂的狀態。我同時被勞累和欣喜刺激著神經。我知道這種最初狀態的熱情不會持續很久，從不斷的嘗試、改進，到最終實現創意，長時間的辛勞工作在前面等著我們。

　　第二天我就清醒多了，決定把所有的初樣再看一遍，然後決定整個系列的主體風格。我把所有的初樣，一件一件地重新審視，以便於列出清單。這也不是一件容易的事情。常常會出現意見分歧。一個模特兒有時候會被要求兩三次穿上同一件的初樣，出去，再進來，察看效果。或者是換一個模特兒試穿之前的初樣。這個過程如果操之過急，將有可能錯失一件在當下也許並沒有被正確地展示，但其實是非常優質的初樣。在深思熟慮之後，在經過無數的詢問與解答之後，才能做出一個最後的決定，並由雷蒙德夫人記錄下來。

　　人們會想當然地認為服裝設計就是心血來潮的結果，不需要任何的協同規劃。恰恰相反，這裡其實有一套早就發展成熟了的規劃。雷蒙德夫人在好幾張大紙上畫出了本系列一個完整的圖表，在日裝、套裝、大衣和晚裝下面留出空白。我得克制自己把這個框架層面的總表壓縮到最小，因為一不留神就會使它臃腫起來。我得小心抵擋創作的誘惑，它會讓我禁不住作出新的設計，因為我知道那些之前被我拋到一邊的某些面料和刺繡正需要全新的設計。還有一些臨時增加的款式，它們都是不同的衝動下的產物。有時候是為了適應原先我無心忽略的某一類女性身材，有時候，我覺得在系列裡面的服裝展示得不夠充分，想要對剪裁或者是設計的某些細節加以強調。

　　即便是我最狂熱的客人，也會覺得我每一個系列的服裝款式都太多了。顧客的眼睛是雪亮的。一個長達兩小時又沒有幕間休息的時裝秀真的是太漫長了。走秀大廳也太過悶熱。我也承認對於每一個女性來說，衣服的款式都實在太多了，但你得知道，我面對的還有專業的買家和各種有著極大不同需求的私人客戶。在每一個國家裡都有著環肥燕瘦的女性，有的黝黑，有的白皙，有的樸實，有的華麗。有的女性喜歡用低領口展示身體的美麗，有的要把她們的大腿遮蓋起來。有的太高了，有些又過於嬌小。這個世界上充滿了美麗的女性，她們不同的體態和品味創造了無窮無盡的多樣風

格。我的設計需要迎合每一個女性，然而想要讓她們都滿意，我要設計的就不止一百七十件樣衣了，至少要兩倍以上。所幸，我有這個總圖表時刻提醒著我，儘管它發揮起作用的時候，就像是給我的想像力穿上了一件緊身衣一樣難受。

做出最後決定的時刻到了。我們將斷定哪些初樣將用於繼續製作樣衣。它們被分類、描述、編號，並由雷蒙德女士繪出草圖。我讓模特兒最後一次單個走上前來展示。下一步將決定哪件樣衣由哪位模特兒來穿，以及用什麼樣的面料來製作。

服裝和模特兒的關係就像是服裝和面料的關係一樣密不可分。在這些女孩當中，有三到四個人能夠把任何一件服裝的優點都盡情演繹出來。其他更有個人風格的女孩，我要為她們精挑細選與她們的身材和風格相融合的樣衣。我必須要把這簡單的算術調配得當。每個模特兒都要展示大概相同數量的衣裳。

每個女孩都分配有均衡數量的日裝、雞尾酒禮服和晚禮服，但精確的調配幾乎是不可能的任務。時裝秀裡常常出現慘不忍睹的狀況。例如，在一系列更為正式的服裝裡，冒出了一件羊毛西裝；或者是在長袍子的隊伍中間出現了一件短款晚裝。即便是最好的模特兒也經不起這樣不公平安排的折騰。

　　如果說模特兒的選擇是一件重要的事情，那麼面料的選擇就更重要了。因為一旦選擇失誤，就難以彌補。面料的選擇過程有好幾個步驟。每個裁縫師有他自己的工作方式。部分人是被面料激發了靈感，然後製作衣裳。但大多數人都是遵循從草圖到初樣，再到面料的順序，或者是聽從設計師的指示。就我個人來說，無論面料是如何的多樣，漂亮或者是新奇，它們都是第二位的。當新系列的工作接近尾聲，新設計的風格已確定，我才允許自己關注面料的質地、色彩、或者是一款特殊面料的圖案。只有在對我的服裝基本的設計效果滿意之後，我才會拿著面料去比比劃劃。

　　我主要的靈感來源是女性的身體。

　　女性的體態是我設計的出發點，作為一名裁縫的藝術在於自如地運用布料來強化女性的自然美態。我無意剝奪色彩給時裝或者是女士們帶來的魅力，但我會用黑白兩色來表達我的服裝設計。色彩不能扭轉一件服裝的失敗局面。在這個舞臺上，色彩只是一個配角，剪裁才是真正的明星。

　　為了解釋面料和高級時裝的關係，我必須從兩個月前說起。在我還沒有創作設計草圖之前，就已經著手對面料進行初選了。絲綢和羊毛的經銷商以及蕾絲製造商來了。後者在法國國王時期，和貴族一樣享受某些特權。他們來自世界各地，巴黎、倫敦、魯貝、里昂、米蘭和蘇黎世。他們帶來了低地國家（包括盧森堡、荷蘭、比利時，尤用於舊時）的財

富和東方的富庶。

我和兩個設計助理等著他們，一同的還有雷蒙德夫人和公司行政人員。那氛圍猶如接待外交大使。我站起身來向他們問好，鄭重地握手，為了不讓走道過快地塞滿面料，我們先談論一些上一季的話題。我們回顧了那些「進展良好」的面料，以及用這些面料製作出來的服裝的銷量。談論這些時候，就像是在說起一個彼此都認識的，但又好一段時間沒有見面的熟人。接著，大戲才拉開序幕。每一個製造商都有著他特色的展示方式。有些尊重過往的傳統，把七到八個大箱子讓人抬了進來，那場景如同遇上了遙遠東方君主派遣來的滿載禮物的使節團。箱子被放下，打開，抬箱子的人把各色的面料傾倒而出，猶如施展靈巧的魔術一般，彩虹般的色彩在我的眼前鋪開了，每一件看上去都那麼的討人喜歡。

有的就是帶著小小的公事包而至，像極了街頭販賣商品的小販。他們帶來的小樣品通常只有郵票大小，我們需要細細挑選出其中的好貨。春季的服裝要以素色面料為主，而這些印花面料的樣本色彩斑斕，一不小心就挑花了眼。

在服裝製造業，只有大公司才能提供品質上乘，色彩和設計俱佳的服裝。他們推出的面料自然會影響到來季的服裝，但與此同時，這些面料也受到上一季的影響，這就讓時尚的發展從上一季到下一季有了延續性。

此時，我還不清楚在接下來的兩個月裡將要使用什麼樣

的面料。自相矛盾的是，這反而讓我的選擇變得容易。我沒有在什麼是有用的和什麼是我想要的問題上多加糾結。我只挑選出哪些是我喜歡的，一切全憑直覺。

和大家的猜想不一樣，服裝設計師很少從廠家訂做面料。可能是在漫無邊際的聊天當中，或者是數月前模糊表達過的一個想法裡，會不經意地流露出來對於某種面料的期待。正因為如此，我盡量小心避免在日常的談話中對確切的主題、面料或者色調提出建議。一方面，我了解自己是個善變的人，另一方面，時裝設計也是一個重在集體合作的生意，我希望聽到更多不同的意見和主張。

從設計圖出爐到完成初樣的這段時間裡，我要著手在兩個月前選擇的豐富面料裡進行篩選。我會回頭再次查看印花面料。首先我會把那些明顯並不入眼的面料，以及那些無益於工作室完成任務的面料剔除（各種面料總是排山倒海地撲面而來）。我在認可了的面料旁邊打個乂來做標記，再把它們放進特別的盒子裡。每天都得確認有一款面料被挑選出來。我的設計主題已經確立，這些閃閃發光、誘人的一卷卷面料，漂亮得奪人心魄。面料製造商們把它們列出清單，按顏色和類型分類。它們現在充斥著我的工作室，真是流光溢彩的耀眼存在。

員工們把我團團圍住，現在我得以專注於解決仍穿在模特兒身上的初樣的問題。在鋪天蓋地的面料裡，必須找出既

合適於服裝，又合適於模特兒的。我必須要抵擋住許多陰險的誘惑，有些面料是顏色把我迷住了，有的是質地很出彩。兩者之間的後者，會更得我心。因為我從來不會因為一款面料色彩的精美而選擇它。它必須是具備了一種我想要的質地效果。這裡要考慮的因素就很多了：布料的柔軟度或者是它的主體感覺，重量或者是厚度。面料被攤平延展，橫向裁開，稱重。揉摩來看是否會劃傷皮膚。摩擦來看是否掉色。在燈光下檢視，看顏色是否與將要穿上它的模特兒膚色相配。面料要經過重重的考驗，但沒有一個考核的環節是可以被忽略的。因為從長期來看，面料的材質對於樣衣的版型來說，就和剪裁的作用一樣重要。

　　設計室裡大約有八到九個人一起工作。我眼前站著模特兒，在一面大鏡子面前穿著白布的初樣。我身後是兩名設計師。雷蒙德夫人在助手克洛德的協助下，忙於尋找我心血來潮時提出來的那些面料。瑪格麗特女士本該在我身邊坐著，但是此刻的她有點坐立不安。儘管我一再讓她坐下來，她還是不安地在模特兒和她的座位間跑來跑去。在模特兒的身邊，站著負責制作初樣的裁縫師。讓妮娜在角落裡站著，她被暱稱為「扣子專家」。她負責服裝配飾，時不時艱難地從她的帽子堆裡面走出來，提出鮮明的反對意見，對被她瞥了一眼的不幸面料大加批評，又或者是突然間給大家選定了一個大膽的顏色。

這種工作場景裡的絕大多數時候，最讓外行人迷惑的，是要從三十種同樣優質的黑色羊毛面料裡挑選出一種唯一最適合的。面對這種艱難抉擇，在難以決斷的時候，我把面料搭在模特兒的肩上，來判斷柔軟度和垂順度；並和模特兒另一肩膀上的初樣進行對比。

某些搭配明顯是不合適的。

「哦，不！趕緊把它拿掉。」

我指向另外的一塊面料。這一次，面料沒有馬上從模特兒身上取下。它垂掛在模特兒的身上，我們一起打量著。這款布料真的合適她？看上去好像可以確定了。但，也許還是不行。我隨機問了一下旁人的意見：「你覺得怎麼樣？」

他們都知道其實我並沒有真的想要聽他們的意見，所以也就不把回答當一回事。他們覺得只要在旁協助我就好了。其實，無論是怎麼樣的回答，都會讓我的疑惑得到舒緩。於是，我追問：「你呢？扣子專家，你覺得怎麼樣？」

扣子專家言不由衷地點了點頭。克洛德也如是。整個房間裡的人，從瑪格麗特女士到模特兒都像約好了一般，表態一致。隨著討論的深入，模特兒開始遭受疲勞的第一輪刺痛襲擊。要在壓力下做出決定。只要有一個人表態冷淡，就會破壞熱情的集體意興。有時候，馬上就可以做出決定。有時候，要經歷上幾十次的挫敗嘗試。最後，我們也許會在已經丟棄了的面料裡面重新搜刮，回歸到原先被無望地否決掉的

面料上。真是可憐的布料！它又被重新拿出來垂掛在模特兒的身上，一次，兩次，看了，又看。眾多的手伸了出來，甚至連擺布它的手也都不重人的，每雙手都在上面加上了自己的意志。

終於，像是嬰兒的臍帶要被剪掉一樣，樣衣就此降生墜地了，命運從此被決定。雷蒙德夫人回到座位上，在本子上把面料登記好，做好要和製造商交代的注釋，並把記錄交給弗龍坦歸檔。

有時候，一件服裝在誕生的那一刻就被命名。但通常，我們都願意等上一段時間，直到我們對它更為了解，才給它賦予名字。給衣服的洗禮也帶有一種神聖的氣質。

隨後，我們會繼續下一件初樣的面料挑選，或者是為這件衣服重新挑選新的面料。一件特別出眾的初樣，也許會催生出各種不同色彩和面料的一系列服裝。如果挑選出了第二種合適的面料，我就會倚在桌子的一角，快速地畫讓新樣衣和之前的樣衣區別開的細節。如果沒有，我就會等到看到第一次試衣之後的效果再做決定。

現在，另一個模特兒進來了。也許五十塊，甚至上百塊的面料會在她的面前展開。我們看著她披上灰色、粉色、綠色、暗黑和亮黑色等等面料，但是竟然沒有一個合適的。目前能夠決定下來的只有面料的重量和觸覺。初樣的風格能把這些因素提前確定。打包的布料在地板上堆成小山。看上去

也越發的醜陋。隨著時間的流逝，大家陷入了沉默。我也不再發問，指揮的姿態也越發的生硬。我決定還是到第二天再說吧。

當我回到家，半夜裡還在考慮這充滿爭議的布料問題。在這些醞釀新系列服裝的日子裡，這一夜的思緒，和白天的影像一起，像是在共蹈狂熱的撒拉本舞，讓我一夜難眠。儘管如此，第二天，我還是努力地做出了決定。

儘管如此精挑細選，有時候，還是會發生經過全面考慮、挑選好了的面料，在服裝進行縫紉的時候，卻出現不可協調的一面。一件時裝就像是設計和面料的聯姻。很多時候，是一個完美的結合，但也無可避免地會出現悲劇。

第三章　一個新系列的誕生

在挑選面料的這十天裡，實際上，對於我來說，還包括了十個夜晚。本季的時裝線，有時候不止一條線，而是眾多的不同類型的服裝線，需要在這個時期決定下來。一個全天候的系列是不止在一個主題上發展出來的，而是在七、八個主要的主題上發展而來。一個系列必須有一個適度的多樣性，同時保持協同而不彼此矛盾。有一半的樣衣無法進入到系列製作的實際階段。我們初始的熱情鼓勵大家把太多的初樣付諸實施，但隨後，我們就不得不進行大量的淘汰。

錯綜複雜的樣衣製作過程開始了。當新系列被賦予生命的那一刻，個性和紀律，這兩個看上去不可協調的方面就得到協同的發展。各個工作室對於分配給他們的初樣都抱有極大的熱情。他們與面料製造商沒完沒了地通話溝通。面料的長度不夠，需要馬上補貨。但運來的面料卻又不符合原來的寬度。雷蒙德夫人用憤怒和抗議與無休止的延遲、出錯、失望、不耐煩作鬥爭。瑪格麗特修改和更正各種錯誤。我則在憂慮當中等待著結果。

我的焦慮已經延長了整整五到六天的時間。瑪格麗特和我都不知道什麼時候會到盡頭。我們的會面和對話，就像是護士和等待在產房門外的準爸爸一樣。每次她見到我，就知道我準會問她：「它們看上去怎麼樣？什麼時候才能出來呢？」

終於，在我毫無準備的一天，樣衣完成了。

當它們來到我眼前的時候，我的心臟都快跳出來了。如果說，初樣帶有粗糙草圖的魅力，給予想像力自由構思餘下的空間；那麼，現在我們面對的則是嚴峻的現實。我們在看到樣衣之後，有時候會覺得不安，甚至可能驚呆了。最常見的情形是，我們在恐懼中去估算需要再投入多少時間的工作才能把衣服變得和我們想像中的一樣。有一些服裝是無法挽救地被損毀了。有時候，樣衣不堪入目到我們都無法忍受，因為它們的樣子看上去竟然像是在嘲笑我們一樣。於是有人尖聲叫道：「簡直不能再難看了！真是令人氣憤！馬上扔到垃圾桶裡！快扔進廢紙簍！」

也有截然不同的情形，一些服裝看上去那麼的可人，我們都歡喜得攬入懷中。那可算是對我們的一種寬慰了。

「如夢如幻！」我們驚嘆，彷彿我們注視著的是一件由別人的雙手，而不是自己打造出來的作品一樣。「它真的太迷人了，不是嗎？」

我常在想，這些情感充沛的表達在不知情的外行人看來會是多麼浮誇。我們的自滿不帶任何羞澀，我們的失望是萬丈深淵般無止境。要想了解這些強烈的情感反應，你得與我們一起分享我們的喜悅與不安，我們的期待，與漫漫長夜裡的磨人辛勞。這時，你才會懂得我們的工作就是出於愛。

現在我緊張地落座。每當新進來一個模特兒，就會有一

個洪亮的聲音在播報：「先生，樣衣到了。」

　　這種報幕的聲音，就像是法國劇院幕布拉開之前的三聲敲擊之聲。在它的提醒下，我開始對服裝仔細觀察。我像一個尊貴的觀眾，以盛大的進場儀式進入到了場內，模特兒也渾身解數為我展示服裝，以圖留下印象。對此，我投入了全部的注意力，彷彿周圍的所有東西都退去，只有模特兒一個人站在了舞臺的中心。

　　在全神貫注地考察過服裝的第一重要印象之後，我讓模特兒走上前來，讓我得以觀察服裝在動態中的表現。然後透過我對面的大鏡子，從另外一個角度來檢視服裝。這面鏡子能夠把衣服的所有缺陷無情地展露出來。瑪格麗特在幕後已經對一大堆的樣衣進行了整治，她能與我在同一時間發現衣服的問題所在，很自然地就走向前去對它進行修改。我不得不用指揮棒把她喊回來，強迫她坐回到位置上去，好讓我專心於對服裝整體感覺的觀察。

　　裁縫師和負責縫紉的女工也在場。他們把剩下的面料帶在身上，包括那些在需要的時候，可以用上的零碎面料，用來改袖子、領子或者是口袋。但是在進展到這些細節之前，我還是讓模特兒繼續展示樣衣。我讓她前進、後退、轉圈，對後面、側邊、各個部分之間的連接部位是否得體，逐個檢查。最後，我會問自己：「這是不是我想要的效果呢？」

　　在這個節點上，不能對自尊妥協是相當關鍵的，無論是

我的自尊心還是裁縫師的。我必須做出不偏不倚的判斷，這需要絕對的精神集中。衣服上的鑲條讓我很焦慮，這是比例出了問題？我應該把它弄短一點嗎？不，它需要加長。裙子或者是袖子的長度要調整。然後頸線要被提高或者是降低。終於，樣衣調試到恰如其分。有時候，只是一英寸的幾分之幾的調整而已，卻能讓一件樣衣脫胎換骨獲得成功。在某個部位加一道拼縫，就有加寬的效果。一個極小的變動，就能產生苗條的效果。所有的改動都有簡單化的趨勢。在這裡，一個拼縫看上去沒什麼作用，就被拿掉了。在那裡，衣服上的褶皺看上去不起眼，用巧妙的熨燙或者是利用面料的垂順度加以化解。服裝製造業裡最大的祕訣之一就是，裁剪最好的衣服一定是裁剪最少的。

為了協助樣衣的修改，所有送到工作室的樣衣都布滿了定位線。這些定位線與樣衣的顏色相反，清晰地在面料上顯現出來，縫接在樣衣的每一塊布料上。其中一條定位線順著面料的紋理，另一條與之形成一定的角度。兩者之間就是要修正的偏差。定位線像是一位無情的評論家，能把裁剪中的所有可能出現的錯誤都揭露出來。裁縫師必須要找到服裝裡關鍵部位的平衡點。要獲得這些「虛擬位置」，裁剪既不能太斜，也不能太直，只有大師的手才能完成這種任務。裁縫師也如同音樂家，不和諧的和弦會帶來大問題。沒有把「虛擬位置」處理好，會讓整個服裝徹底喪失風格。

　　漸漸地，樣衣的修改走上了正途。平衡度和比例被一一調整。樣衣上豎立起大頭針，飄揚著斜剪面料的綢帶，需要進行主要修改的縫線被標識出來，樣衣被帶離修改。樣衣在剛到來的時候光彩動人，離去的時候卻已面目全非。

　　樣衣此後的經歷簡直就像是遭遇了魔法。工作間裡的工作人員似乎具備破譯高深莫測的密碼的能力，能夠在大頭針組成的不規則叢林和由針線編織成的蜘蛛網當中找到方向。我從來沒有辦法想像他們是怎麼樣做到這一點的。在第一次的彩排裡，服裝就完成了所有按要求進行的修改，並且為新的、可能出現的修改做好了準備。

　　想像一下，如果一份草圖被沒完沒了地塗改，不斷地重畫，會是怎麼樣？通常來說，透過第一次的修改，一件服裝已經和原來設想的樣子大不一樣了：不是沒有依照指示來修改，就是面料沒有像期待中的那種表現。使用白布的初樣所達到的滿意效果，在換成實際衣料後，卻暴露出了顯眼的缺陷。在品質、顏色上出現的差錯，需要重頭改過。在第一次修改樣衣之後，我們對衣服最終的樣子有了概念。我又從各個角度再次審視樣衣，考慮每一個可能要透過修改改進的地方，最後，我還是讓這些樣衣再次回到工作間去。樣衣生命中最重要的一步已經完成，但是前面還有好些事情在等著它：樣衣的第一次排練、成衣的排練、新聞發布會。在這個過程中，我就像一位忐忑不安的父親，糅雜了驕傲、妒忌、熱

切、溫柔的情緒，為它們的痛苦而痛苦。它們有著操縱我的力量，而我生活在它們是否會讓我失望的恐懼當中。

在這個修改的過程中，我擔心著一件事情：在這些調整當中，在疑慮和恐懼裡，我對衣服的最初的構想會不會或多或少地被改變了？

我一直都憂心忡忡的樣子，令那些忠誠的員工在進入到工作室的時候，都踮著腳尖走路，生怕把一根針尖掉落到地上。他們避免煩著我，卻又時刻準備著給我幫忙。幾天過後，我們終於確定了有足夠的服裝用來組織一場彩排了。彩排就在時裝秀正式舉行的地方進行。這對我來說是非常重大的一件事。這是第一次模特兒走秀的順序和「大日子」當天一樣。

儘管走秀大廳奢侈豪華，絕大多數衣服都功成身退，但也有少數是鎩羽而歸的。在走秀大廳裡也講究視覺效果，這和戲院是一個道理，服裝有著各自的展示目的，不是需要簡化就是要誇大。某些在工作室裡看上去迷人的細節，在秀場看來變得多餘。服裝裡的某些寬度看上去已經足夠了，在秀場裡還需要被繼續放大，以獲得最真實的效果。總而言之，在秀場裡面，樣衣要給媒體留下印象，又要抓住顧客的目光。此時的服裝要在秀場上讓人目眩神迷，而不需要完成它能夠被穿著這一基本使命。

之前，我已經為大家描述過在工作室裡每個模特兒充滿

儀式感的進出效果。到了彩排大廳，這種效果增強了。我強調每一個模特兒首次出現在門口的時候都必須造成一種震撼之勢。如果我是完全滿意的話，就會立刻挑選一頂帽子來搭配這件衣服。如果達不到要求，我就會讓模特兒再次走進走出，從全方位檢查整套服裝。通常都要花上好幾分鐘來發現問題出在哪裡。多數情況下，是比例出錯了，或者是服裝過度地複雜化了。在錯誤被糾正之前，我是不會讓模特兒退出去的。現在的時尚是關於「型」的問題：從鞋子到帽子，整體都應當考慮進去。

這就是為什麼布里卡爾女士和我都會潛心挑選帽子，儘管在草圖裡面帽子的搭配只是一個模糊的建議。用帽子特別的形狀和大小來平衡已經定型了的服裝。在我眼前是一大堆各式帽子的基本款，這就相當於服裝裡的樣衣。對於服裝來說，細節總是在後面完成的。首先，帽子要和模特兒以及那件需要搭配輔助的衣服相襯。有時候，問題看上去很棘手，嘗試了二十頂帽子都徒勞無功。有時候，在絕望之中，我們放棄無果的尋找，乾脆創造出既適合服裝，又合適模特兒臉型的新帽型。

現在的女士越來越少戴帽子了，我們如此興師動眾地尋找可搭配的帽子的做法看起來有點奇怪。在我看來，現在這種令人遺憾的缺失，是因為帽子確實變難看了，那些草編的帽子俗裡俗氣地裝飾著羽毛和花朵，是戰時的女性用來掩飾

衣櫥的貧乏而想出來的辦法。這就是現在女士們不喜歡它們的原因。我認為一個不戴帽子的女士，裝扮並不完整。現在年輕的女性都不戴帽子，以致於母親們也都不再戴帽子，這可不是什麼好事。她們失去了一件宜人的配飾，顯然也沒有意識到，當有人誇她們：「今天你看上去真美！」時，實際意味著「你的帽子搭配得太妙了！」

無法想像一場時裝秀裡沒有帽子。不管服裝是多麼的令人陶醉，模特兒的頭上還是空空如也，若有所失。這可不是誇大之辭。有些情況下，帽子給人帶來的造型感和魅力可以忽略，但是在新裝發布的時候，帽子在新造型裡美化比例的功效不容忽視。

在首次的彩排裡，只需要一小部分的樣衣。它們都是從最有代表性的，或者是要被送去加以刺繡鑲邊的服裝裡面挑選出來的。後者通常都是簡單剪裁，但是完工的時間是最緊迫的。人們不能理解為什麼當今的刺繡還要透過手工來完成，就像是十八世紀時候一樣，需要花上一個月或者三個星期的時間。一件舞會的禮服可能貼滿了數不清的亮片或者珍珠，每一片、每一顆都是人工一個個縫上去的。

回到新系列本身：我已經查看了二十件、盡可能類型不一的衣服。回到家裡，帶著平靜的清晰思緒睡下，等到清晨醒來做出最後的決定。令人驚奇的是，經過這樣一個夜晚，我會那麼清楚地知道哪些是我真正喜歡的，哪些不是。明天

我選出來的樣衣，將會成為體現這個系列的主題的主力。也只有現在，我才能真正地開始認真思考這個新系列，直到此刻，它才像是真實了起來。

從彩排到後續的修改，新系列按照它預定的程序進行著。一件毫無爭議的美麗服裝能夠直接衍生出三到四個新版本。而另外一件曾被看成是有成為經典服裝潛質的衣服，突然間看上去就顯得過於陳腐和過時。我們就是在這樣的喜憂參半中前行，有熱愛有厭惡，有時甚至遇上災難。在這些矛盾的情緒裡，我們終於走到了要毫不惋惜地拋棄那些我們並不喜歡的樣衣的時刻。這些樣衣與其他衣服格格不入，就算是能夠大賣的單品，為了整個系列的統一性，我們也要把它犧牲掉。當整個系列成型了，我們就會越來越適應於成型的風格，再也沒有新奇之處。時裝秀的日子也越發的臨近，我們只關注於衣服是否做工良好，並不去看它們是否能激發新的創作了。我們又得對這種熟悉感保持警惕，長時間盯著這些服裝，會讓我們產生服裝看上去已經過時了的錯感。

蒙田大街裡的這片小天地在此刻已經疲憊不堪了，但是熱情卻絲毫不減。一句鼓勵的話，就足以驅散一切的辛勞。一句責備，則會激起絕望的淚水。裁縫師見到自己的衣服被扔進廢紙簍，馬上就淚如雨下，好像是她犯下了不可饒恕的錯誤一樣。其實是這些樣衣本身就有問題。如同一個母親一樣，視衣服為孩子的裁縫，自然地無視衣服的缺陷，拒絕承

認樣衣的不完美。儘管其實這個責任應當由我這個父親來承擔。打擊如此巨大，以至於她都要遞上辭呈了。然而，兩個小時過後，這個裁縫就已經收拾好心情，開始指導另外一項艱巨的任務，成功地實現一個新的創意了。

　　每一天，工作的熱度都在上升，我得解決每一個新出現的危機。我一次又一次地寬慰大家，如果樣衣是有缺陷的話，主要都是我的過失，而和任何人沒有關係。顯然，我的說法沒能讓大家放鬆。每個人都還是覺得我不公平得可怕。這個階段真的讓人精疲力竭。負責員工健康的醫生告訴我，員工們的主流病症突然改變了：再也沒有了風溼症，或者是胃疼，只有由疲勞引發的頑固的偏頭痛，以及在傷自尊的時候弄傷的手指。在看完醫生之後，女孩們就衝進電梯，或者是躍上樓梯臺階，奔回到她們各自的工作間工作。當一切準備就緒，「大日子」到來的那一天，她們絕對不允許有自己不在場這樣的事情發生。

　　當夜幕降臨，我的辦公室終於恢復了平靜。整個房子也安靜了下來。所有的喜樂哀怒都如實地反映出我自己，我常常感到悔恨，坦白說，在這個時刻，儘管我已經盡量做得圓通得體，不去冒犯任何人，可我還是說出了一些刺耳的話。在不得不接連取消掉某個裁縫的兩件樣衣的時候，我沒有考慮到這是來自同一個工作間的兩件樣衣，這樣的話，她就得經歷兩次絕望的打擊。毫無疑問，她會感到極端的失望和無

名的恥辱。當我對模特兒說她的服裝並不得當的時候，她會感到自己遭遇不公。當然，她們心裡都明白我只是想讓樣衣看上去盡可能漂亮。她們自己也會覺得樣衣並不合適她們，但是有時候卻不想承認。

委託說情的人開始出現了。雷蒙德夫人悄悄地來到辦公室，提醒我。

「我覺得你對埃莉諾可以稍微好一點。她的樣衣也沒有那麼糟糕嘛。」或者是「你對瑪格麗特實在是有點過分了，她現在完全提不起勁來。」

然後，瑪格麗特也來了，跟著來的還有一位裁縫，她來為自己被淘汰掉的樣衣辯護。

「把它留給我吧，迪奧先生。我發誓它會是一件成功的樣衣。我發誓我能拯救它。」

這真是一個讓人為難的決定。同意了，就相當於屈服於一件有吸引力，但是卻出於某種原因並不太合適的衣服。不同意的話，我是否是又沒有做到真正的公平呢？

還有另外一方面的問題。一個為了呈現兩小時戲劇性走秀效果的裁縫師，面對的是既沒有情節鋪排，又沒有中場休息的場面。這是任何劇場製作人都不能想像的考驗。在大秀開場前的兩天，取消一件服裝就足以激起一連串的變化，在工作室內的黑板上面寫著每個模特兒的名字，這種改變會影響到出場的順序、節奏和整個秀場的平衡。整個秀場的安排

是在各種修改和彩排的過程中擬定的，都遵循著非常重要的
規則：每一個模特兒，正如我之前所說的，必須穿著每個服
裝類別中相同數目的服裝上場，可能的話，還要確保淺色和
深色的服裝是穿插著上場的，儘管通常來說，淺色服裝在數
量上更少一些；那些我們認為會暢銷的服裝必須要明智地進
行安排，要與那些視覺效果突出的服裝錯開。

　　突然之間，節奏變得更加平和了。每一個人都埋頭苦
幹，整個大樓變得沉默而專注。在這種虛幻般的鎮靜當中，
裁縫手中的針線活就是秩序所在。我們走到了倒數第二幕的
位置，整個戲劇的高潮就在這裡，痛罵還是讚揚，就繫於這
一刻。這就是服裝彩排的前夕。

第四章　服裝彩排

儘管服裝彩排，消耗掉了我的全部精力，但仍可毫不過分地說，我都沒看上過一眼，我沒有描述它的能力，就連我身邊的那些助手也如是。也許他們其中的一個能夠記起來，某件服裝「茨崗」改名為「哈巴妮特」的事，有人也許會記得某個被送回工作室的樣衣的名字，或者是某件需要更改鈕扣的樣衣。你無法想像我們真的在場時候的場景，但實際上每個人都在認真地督場。這其中包括瑪格麗特女士、布里卡爾女士、不可缺少的雷蒙德夫人、我的祕書約瑟特·威德默、負責銷售的盧林女士、管理全部試穿樣衣的林策勒女士、我的兩個設計師和五個助手。此外還有負責公關的 M·德·莫薩布雷和 M·多納蒂，以及兩三個銷售。在房間的一角坐著看管臨時配件的員工，那裡臨時擺放有皮包、手套和珠寶。另一邊，在窗邊的日光下，坐著兩位為模特兒繪製用於宣傳圖片的藝術家。鞋子設計師羅傑·維維耶坐在火爐的一旁，旁邊坐著負責銷售的蜜雪兒·布羅德斯基。M·魯埃和 M·查斯特爾在這個時候也非常的活躍，放下了工作中商業部分的羈絆，時不時地來看看服裝本身的準備進展。其實，讓我們沒辦法對整個彩排獲得一個整體印象的原因在於，我們都沉浸在每一件衣服的細節裡，只記得在身邊的那件需要專注的事情裡。

　　這很有可能是我對衣服進行最後修改的機會。明天，它們就會被媒體印發。如果一切進展順利，在功成名就之後，它們就會成為自己的奴隸，而不再屬於我。但在當前的這段時間裡，它們還是我的樣衣。我完全投入到這最後時刻的檢驗當中，遺忘了周圍發生的一切。我的眼裡只有我的服裝。顯而易見的是，不屬於這個機構的人是不允許出現在彩排裡的。這最後兩天裡面可怕的緊張氣氛是不為外人所知的。

　　但有一次，我讓一位外行朋友仔細地觀察了我們整個「儀式」的過程。一位對時尚完全一無所知的朋友受邀來到我們的壁爐臺旁邊坐下，觀察我們的工作。兩個月後，當工作節奏有所放鬆，我有了點閒餘時間的時候，我請他對所見所聞進行描述。以下，就是他給我展開的，讓我為之驚異的故事畫面。

　　當我來到一樓大廳的時候，就迷失在這白紗世界中。穿越了第一道白雪障礙物之後，第二道障礙又在眼前，就好像裡面有一隻堅定而又有禮貌的手在推著我前進一樣。我彷彿聽見有人在竊竊私語地說著更衣室的什麼事情。在我的右手邊，第三和第四道幕布在等著我。它們把我此行探索的目的地，走秀大廳的入口給掩蓋了起來。我在一陣虛無當中迷路了。周遭都是寂靜的一片，在這片靜默當中又充滿了窸窣聲，和劇院裡的戲劇就要開演前的沉靜一樣。然後，好像有一隻手把精緻的帷幕拉開了，指引我進入了聖殿。

　　我被眼前的這一大片白色所震撼。這種白色是我右邊的兩排的手扶椅所反射出來的，它們也都被覆蓋上了白色。椅子上面坐著穿著白色工作服的好幾個女孩。枝型吊燈上的金色和水晶，以及經典的灰白色牆上裝飾，和一面大鏡子，都讓我以為自己來到了幽靈之家。接著，被散落在右邊地毯上的首飾閃耀得我感到暈眩，它們就如同灰姑娘的嫁妝一般奪目。這些首飾，美得奪人心魄。這些首飾的奢華和虛無參雜在有序的混亂中，仿若從仙女揮霍無度的手中傾斜而下。我被一隻仁慈的手牽引到壁爐旁的角落的位置上，顯然這是我專屬的位置。我坐下，盡量讓大家不要感覺到我的存在。

　　大廳還是幾近空空如也，但很快就有人進來、坐下。他們都在盯著我看，我知道他們都在心裡嘀咕著：「這個人究竟是誰呀？」

　　我感到自己在這樣詭祕的氛圍裡變得越來越不起眼。最後，某人一定對於我的出現，給出了一個暫定的解釋，因為有人聳了聳肩，或懷疑、或禮貌、或饒有興致地發出了「哦」或「啊」的一聲。這些問答都是低聲低語地進行的，天知道，他們為什麼都這麼輕聲細語的。他們對我的暗中觀察，大概已經獲得了一個滿意的結果。也許，他們從我的舉動中猜到我真的是一個無害的人。讓我大為放鬆的是，他們的注意力很快就轉移到別處去了。

　　趁著這個得以喘息的機會，我打量了一下四周。我對面

就是灰姑娘的嫁妝，它們在舞臺四角的射燈下閃閃發光。附近的小廳裡，一個敞開的衣櫥裡塞滿了皮草，這讓我想到了冬天，並禁不住發起抖來。另一側被一張大桌子占據，上面擺放著數不清的腰帶和珠寶。一位上了年紀的女士，戴著金匠一樣的近視眼鏡，在辛勤地擺放、整理著胸針、耳環、一排排的黑玉和鑽石。我思疑她的工作是否會讓人滿意，但對她而言，無疑是對自己滿意極了。在她的不遠處，站著一位穿著帶有金色紐扣的藍色夾克年輕人。

此刻，幕布翻滾了起來，準確來說，是一位年輕的女士撥開了幕布，走了進來。在門口那裡，她宣布道：

「先生，樣衣來了。」

然後她就轉身、前行、微笑。從大家謹慎的微笑激蕩開去的漣漪中，我意識到這是一個用來消磨等候時間的傳統逗樂子方式。我聽到了這樣的話語：

「真應該好好教一下她如何走臺步。」

「你看，我的小寶貝……」

最後的這句話引起一陣哄堂大笑。顯然，這是缺席的老闆的口頭禪，被當做俏皮話來取悅眾人。

在我周圍，入場的觀眾越來越多，椅子上坐滿了人。只有中間的幾張扶手椅例外，那位置就相當於馬德里鬥牛場內國王的坐席吧。對於鬥牛場的幻想隨著一位貼身男僕式裝扮的男子的入場而變得真實起來。剛進來的時候還被幕布纏繞

了幾下的他，把十把發出呀噠聲的雨傘放在桌子上，和珠寶在一起，然後就消失不見了。克里斯汀·迪奧的座位有特殊的裝飾而比較好認：在扶手椅的左右兩邊各添加了兩個米色布的口袋。我的鄰座告訴我，那是用來裝鉛筆和橡皮擦的。在他的椅子前面有一張凳子，上面放有兩張長長的紙張，和六支削得和匕首一樣尖的鉛筆。椅子上放著一根繫著金帶子的指揮棒。

　　我以為椅子的後面會寫著「克里斯汀·迪奧」的名字，就像是在電影工作室裡會看到寫有「勒妮·克雷爾」的名字一樣的椅子。但我什麼都沒看到，反而看見凳子上寫著「諾埃米」。我的鄰座再次被我的提問弄得大笑不止，意識到我確實是一個門外漢。「諾埃米。」她說，只是借出這張凳子的人的名字。我覺得好不尷尬了，只好在沉默中掩蓋我的不安。

　　天氣異常的炎熱，外面，在蒙田大街的栗樹下，人行道都已經熱得在蒸騰。我聽見身旁的女士用嚇唬的口吻對旁人說：「不到晚上八點都不會供應冰鎮啤酒！」

　　我的手錶告訴我現在是 1 點 45 分。一位聰明而又有前瞻性的男士在壁爐架前站了前來。在他的指尖範圍內有三包菸、幾逕紙、鉛筆和火柴。這時，有人說：「看來不到午夜都不能完事。」

　　人們都為這一場漫長的旅途做好了準備。與此同時，有

人不斷地來回奔忙著，而我對正在發生著的事情一無所知。然後，一位指揮現場的女士出現了，她衣著考究，戴著帽子和珠寶。她的到來讓大家熱情高漲。

「布里卡爾的帽子！」有人大嚷道。「布里卡爾的樣衣！布里卡爾的髮型！布里卡爾的妝容！布里卡爾的鞋子！布里卡爾的造型！」

毫無疑問，大秀就要開始了。之前那位引起讚美和騷動的女士很快就不見了蹤影，就如同她到來時候一般的驟然。不一會，她又再次出現，這次穿著靚麗，眼前以一抹藍色的紗布裝飾，身著開領的短袖白襯衣。她在我的前方坐下，我吃驚地發現她的領子上有著和凳子上的「諾埃米」一樣讓我迷惑的字眼：這件襯衫上印有「榮耀」二字。看起來，服裝產業真是錯綜複雜，我還有太多的東西需要學習。

這時一位女孩進來了，推著一件不屬於這個時代的儀器設備。它的外觀也蓋上了白布。看上去就像一個年代久遠的照相機。這是用來把電影投射到大廳裡面眾多螢幕上的嗎？

被大家稱為「扣子專家」的女士，揭開了白布，但是下面空空如也，只有一排的紐扣像是明信片一樣展示著。現在，在一陣衣服和椅子發出的窸窣聲中，大秀就要開始的又一個信號被釋放了出來。

老闆（在蒙田大街 30 號的這棟樓裡，大家都這麼稱呼克里斯汀·迪奧）來了。

他被簇擁著來到座位上，被輕鬆的、親熱的低語包圍著。他微笑著，與人握手、親吻臉頰、拿起座位上的指揮棒，然後就坐。他也穿著一件白色的罩衫。現在的情形看上去簡單多了，椅子和來賓的數目正好匹配，每一個觀眾都占有一席之地。一位穿著工作服的高大男孩拉起白色的幕布宣布：「先生，樣衣來了。」

好像是作為回應一般，另一個聲音說道：「舊金山！」

一個模特兒出現了，她用優雅的步伐穩步前行。在大廳裡對服裝進行充分的展示，和士兵們的操步帶來的感覺完全不一樣，模特兒最終還得站定展示。這是開場的服裝，我想，這可能相對來說，重要性沒那麼顯著。然而作為揭幕服裝，它同時也是新的服裝風格的指向標，我嘗試著找出這一季的風格所在。

克里斯汀‧迪奧輕聲說：「它需要搭配一頂不同的帽子，需要搭配在一起產生更有衝擊性效果的東西。那究竟是什麼呢？我真想知道。」

直到現在我才把注意力放到了眼下，之前我甚至都沒有留意到模特兒戴著一頂帽子。模特兒走到沙龍的中央，她的眼神凝視著空間裡的某一個點，根據內行說，那一點所處的位置就是觀眾發線的根部。與此同時，守護珠寶的工作人員，兩個看護帽子的工作人員，以及作為助手的第四人，開始行動起來。第一個人幫助模特兒把耳環固定好。第二和第

三個人在帆布的基礎上，在她的頭上纏繞上一堆的黑色塔夫綢，還給她蒙上了能夠引發幻想的面紗。在這些同時發生的作用力下，模特兒獲得了生命力。最後，有人在她的頭上完成了收官之筆。人群裡開始響起讚許的竊竊私語，讚美這集體的創作努力。但這還不夠好。

克里斯汀‧迪奧從他的位置上觀察著，說道：「這裡的這朵花應該更大些。」

布里卡爾女士建議更換一個更顯低調的面紗；瑪格麗特女士要求加上黑色絲帶。一個又一個的想法，以不同的組合形式，被拿來嘗試。而模特兒就如同磐石一般紋絲不動，要是說她有什麼動靜的話，也確實只有在一片薄紗弄皺她的睫毛的時候，才發出一陣微弱的喃喃自語。

「不要那樣揪著我。」她叫嚷著。

最後，迪奧自己從座位上站了起來。輕拍了一下模特兒，移除掉別針，動起手來把模特兒整個變了樣，然後回到他的座位上輕聲說道：「現在看起來很美了。請再加上兩枚大玉帽針。」

直到此刻，我才恍然大悟，這就是服裝彩排的意義所在。它其實就是一場歡快的私人舞會，其彰顯的目的和裝飾一棵聖誕樹是一樣的。地板上的紙盒裡盛有傳統的水晶球和彩燈、星星吊飾。模特兒就是那優雅、寧靜、光彩照人、不動聲色的聖誕樹。每個人都加入到這個豪華的準備過程中。

兩個帽商用疾飛的俐落手指在她的頭上做出縈繞的變化。珠寶商變戲法般更換著耳環和項鍊。「扣子專家」揮舞著她那一排排囊括不同型號和顏色的紐扣。皮草商撐開雙臂給模特兒套上他們的披肩和大衣。

當我以為服裝已經完工，不再需要繼續討論的時候，我才發現自己的想法有誤。接下來這套叫做「迴旋」的服裝，讓我獲得了一些業內的知識，真正明白了現場的運作方式。模特兒以一種有點超然的，近乎侮慢的舞步進場，展示衣裳，然後站定。

在一陣長久的、帶有省思的停頓裡，迪奧的指揮棒指向了一點，大概是頸線的位置，明確地說道：「真的，我覺得那裡一點也不吸引人。」

瑪格麗特夫人站了起來。一個料想是工作室裡負責這件服裝的領袖也跟著向前。接著，別針揮舞了起來。一隻手把衣服拉到了左邊，另一隻手滑落下去修改。肩位被拉高。夾克的褶邊被別針別住。整個過程模特兒都沒有往下看一眼所有的這些忙碌的人，她好像已經神遊遠方。

只有當這一大修改已經完成，巧工能匠把那身衣裳所帶有的皇家的超然氣息留給她的時候，模特兒才又獲得了新生，嘴角泛起了微笑。迪奧通過了這次的修改。

「現在看起來很好……是的，我就喜歡那個樣子！」

但是，顯然他還不是很滿意，還是有些不足的地方。模

特兒回歸到她優雅的自由狀態，向前滑步走，或者是旋轉了起來。迪奧突然讓她靜止下來，「我知道是什麼問題了，」他叫喊道。「是缺了兩個紐扣。紐扣夫人快上來。」

在輕輕的搖晃中，四輪車被推了上來。一個、兩個、三個、四個、五個黑色的紐扣，被拿來輪番搭配。無論我這個門外漢怎麼樣端詳，都看不出這些紐扣有什麼分別。第六顆紐扣終於讓人滿意了。在夾克上面，為了呼應這兩個新紐扣，又以神乎其技的精準度別上了兩枚別針。最終，這套名為「迴旋」的服裝，在模特兒最後一個迴旋當中離場。她剛走到門口的時候，一個終極命令追身而來。

「加上一把黑色的雨傘！」

模特兒繼續陸陸續續地通過。每件衣服看上去都有著各自的毛病。有時候，是服裝本身出了問題。有時候是帽子，有時候是暖手筒，或者是珠寶。偶爾，也有這麼一套服裝是被恭維的細語和「這簡直太妙了」的低聲耳語所認同。一件被完美演繹的樣衣會揚帆直過，而不用經過任何的修改。

這個時候的迪奧也不會攔截女孩，只會喃喃說道：「噢，太美了。你再也看不到能穿得比這美的女性。沒有人能穿得比這優雅。」

隨著時間的流逝，菸灰缸裡擠滿了帶有口紅印的菸頭。人們又開始分發薄荷糖。畫家們仍在又快又準地畫著素描。這時，我發現有人在傳紙條。這些紙條來自擺放著珠寶的桌

上，那裡的電話機在不時地蜂鳴著。電話女郎低聲地應接著來電，把通話內容寫在了小紙條上。小紙條被一手傳一手地抵達它們的最終目的地。寫在小紙條上的回復又以一樣的路徑折返，電話女郎把回話告知電話的另一頭。如果在兩間樣衣的出場之間出現了延誤的話，這些原本的「通訊大道」就會被不知出處的奶糖所占用，如同螞蟻搬運糧食一樣。一旦這些奶糖被分發了出去，又引發了另一個問題，怎麼樣處置這些包著奶糖的玻璃紙呢？剝掉這層玻璃紙會響起突兀刺耳的聲音，這邊有人快速嘗試了一下，那邊就會回聲般地響起剝開糖紙的裂響。這股像老鼠偷食一般的聲潮還伴隨著煩悶的低語。老闆不耐煩地瞪著他的員工。

「好了吧？大家都準備好了嗎？羅傑？克雷爾？」

這時，有人挺身而出，像一位解救大家的豪傑一樣，給迪奧本人遞上來一塊奶糖，至少這樣可以讓他舒展愁眉。迪奧以帶著謝意的笑容接過奶糖，於是剝奶糖的聲音就在屋裡向響成了一片。緊張的氣氛被打破了。報幕員又喊了起來：「先生們，一件樣衣上來了。」

彩排的節奏得以恢復。模特兒把她的夾克從身上褪下來，優雅地懸掛在她的指尖之上。評論紛遝而至：「蝴蝶結應該更具有功能性，看起來它繫不住東西。」「拿走皮草，它和帽子很不搭。」「看啊，裙子向左歪了，襯裙漏出來了。珍妮，你坐到那張小板凳上看，就會明白我在說什麼了。」

「帽子不夠突出，加上一塊大的黑色面紗吧。」

「弗雷德里克，你的領子不夠直挺。」

迪奧對著一位正在忙著整理帽子的助手說：「不用管它了，就這樣吧。」

他又向坐在他身後的布里卡爾女士問道：「你手上的小東西是什麼？對，把它遞給我。」

「你不能這樣做。」布里卡爾女士叫道。

「我當然可以。」

最終這個小東西用來修飾了帽子。手套則被試了一次又一次。雨傘也被舉高放下又舉起。最後雨傘被拋棄了，暖手套被選用。

布里卡爾女士說的話就如公理一樣，像鬥牛士的短扎槍一樣的尖銳。

「那件太正式了。把面紗加成雙層。不是那件，另一件，不，是黑色的那件。」

其中一件樣衣在進入房間的時候，飽受連串的大肆批評。顯然這樣的衣服已經無法修改，只能把它送回去。

「我明天再看一眼吧。」 迪奧說：「這是我最後一次檢視這些樣衣了，所以我應該好好地審視他們。」

另外有一次，對於一頂帽子的選擇，看上去將要陷入無止境的拖延。為了能讓他的要求更加的明晰，迪奧禮貌地解釋道：「這帽子本身沒有多大問題，是整套服裝的比例問題。」

有一回，一個模特兒在我們的眼皮底下被「粗魯」地對待。這個女孩正在展示一件赤褐色和橙色的套裝，她的步伐顯露出一種從容大方的緩慢，這時候，交響樂隊裡的指揮師揮舞起他的指揮棒，下令道：「步伐要加速。」

　　模特兒的嘴唇明顯地顫抖著，她如雕塑般的孑然獨立之感破滅了。隨後，她微笑應對。在她離開沙龍之前，迪奧小心翼翼地安慰她說：「別擔心。妳是一流的。」

　　數小時過後，氣氛變得愈加困倦。模特兒的臉上浮現出淡淡的疲勞神色。她們穿得非常的暖，因為服裝系列的推出總是比溫度計上指示的季節溫度還要早上一季。四周都是寫在大張紙上的潦草紀錄。

　　「這對耳環上的鑽石你有記下來嗎？……五排黑玉……海狸暖手筒……阿拉戴的那件……」

　　有時候，但這種情況不多見，迪奧自己也會大喊出聲：「起個好名字很重要。女士們，幫我想一個名字。」

　　這是要為一件衣服命名或者是改名。遇到一個更為出眾迷人的名字時，迪奧會微笑著，說道：「如果有人問你這個名字是怎麼來的，你就說你不知道。因為，真的，我也完全沒有頭緒。」

　　隨著彩排的推進，我不時地聽到人們在表達他的觀點的時候用到「女人」這個詞。每個產業都有稱呼自己顧客的特定名稱。在時裝界，他們就把客戶簡稱為「女人」。

「女人不會喜歡那樣的，」有人說道。「女人會一面穿這個，一面……那件很顯瘦，女人穿起來會很好看。」

「女人」這個詞，具有一種普遍性的意義，它的發音是尊敬和愛的混合體。

大概六點的時候，彩排活動逐漸升級，上來了一件婚紗禮服的樣衣，這是在每一個新的時裝季都會有的款式。借著這個時機，我輕輕地推開前面兩張空著的椅子，穿過沙龍，走到白色窗簾的後面。只見蒙田大街上陽光閃耀。我剛剛離開這個白雪皚皚的秋冬裝場景，就看見窗外的女人穿著與屋裡截然相反的夏裝，徐徐而行。我忽然產生一股瘋狂的衝動，想要衝上前去，對她們說：「不，這翻領完全不對頭。太長了。」

與此同時，一種自豪感油然而生。我所知道的祕密，將會在數週內的時間裡，改變那些正在路過的最優雅的女子。我轉身向這幢房子的窗戶投去最後一瞥，我知道裡面的彩排還會持續上好幾個小時，直到夜幕降臨，天邊亮起第一顆星星。事實上，彩排會一直進行下去，直到靈感迸發和筋疲力盡都出現的那一刻。這是作家和演員在大戰來臨前的一刻都共有的體驗。在那個時刻，他們感到伴隨著身心枯竭的是奇蹟般的豐盈狀態。

第五章　大戰前夜

　　現在到了給新的服裝系列命名的時候了。這處於彩排和發布會之間相隔三天的時間裡。我為新聞稿起草，用盡可能準確和白話文的表達方式去描述這一季的趨勢。服裝的命名要達到引人注目的效果，這一命名將會起到為新風格加冕的作用，為此我總是拖延到最後一刻。我要透過考慮最惹人注意的、這個系列最不尋常的部分，進而構思一個綜合了當今趨勢的名字。顯而易見的是，沒有一個服裝設計師是從薔薇花蕾或者是菜豆裡面獲得靈感的，他必須要迎合現代的品味來想一個口號。

　　比方說，在 1955 年的春天，我根據長裙的特徵，用字母 A 來命名此系列。接下來的一季，又有了 H 的命名。到了 Y 系列的時候，Y 就暗示了裙子的長度，和纖細的腰部設計以及胸部的抬高。但是每一季都包含了大量的主題，單憑一個字母 A、H 或者是 Y 是不足以代表全部的。所以無論這一季是如何命名的，我都要寫滿四頁紙張來指出這一季的主要趨勢。我嘗試以盡可能樸素的筆觸來寫作，但是誰又能逃脫時尚語言的圈套呢？恐怕我都常常墜入其中。在列舉了新風格的主要特徵之後，我又接著對配飾加以細述，包括一些邊角料、帽子、皮草、皮帶、珠寶、基礎服裝、鈕扣、手套、雨傘、鞋子、襪子以及模特兒的髮型。

　　與此同時，工作室裡是一派在為最後時刻積極做準備的熱烈景象。大家在過去的四個月裡做了無數的嘗試和努力，現在到了考驗的前夕。一件服裝想要成型，外面需要疏縫的針腳，內裡靠的是實心的針線。在這一刻，也是一件已經被堅決淘汰掉的樣衣再次回歸的時刻。這些樣衣時不時地就回到我們的跟前，像一個時尚記者一樣打斷我的工作，它們想要再次回來，獲得寵愛。有時候把這樣的樣衣帶回來的是個模特兒，有時候是位裁縫師，他們想讓這些樣衣重獲榮耀。很多次，我都對此進行了讓步，並且在此後覺得慶幸。那些我一手否定其前途的樣衣，終於走向了光明的前景。對於這些樣衣來說，我就像是一位嚴厲的父親。看來，過分的嚴苛本身就如同過分的寵溺一樣，是相當危險的。

　　對於此刻的我來說，我已經不再去看這些服裝了。它們在我的眼前已經出現過無數次，也占據了我的太多思緒。我都不能再對它們有一個不偏不倚的判斷了。整個系列對於我來說，好像並沒有完成。儘管列出了 170 件樣衣，我還是感覺到一無所獲，或者更準確地說，無所成就。

　　為了獲得一些自我肯定，我把自己投入到繪製服裝詳表的任務中去，這些圖表會掛在發布會當天模特兒的梳妝臺上。圖表包括了每件衣服的號碼和名字，配以簡短的描述和詳盡列出的配飾情況。這些都是梳妝臺上必不可少的參考資料。

發布會的流程也在這張圖表上加以顯示，其中也暗含了某種內定的優先順序。西裝先上，然後是正式的外衣，接著是更為正式一點的套裝、雞尾酒會晚裝、短晚禮服、然後是長晚禮服和舞會禮服，這些服裝通常都是以壯觀的刺繡來表現。結婚禮服則在發布會上壓軸出場。但為了給這些經典的排序注入某些戲劇性的成分，我會在雞尾酒會晚裝裡面加入一些正式的外衣，或者是一些特別醒目的套裝。至於那些比較有衝擊力的，代表本季新趨勢的樣衣，就會被安排到發布會的中段位置出現。這些被稱為「特拉法加」的服裝將會主宰雜誌封面或者是重要的頁面。這些就是決定當前以及未來時尚趨勢的樣衣。在發布會的中間出場，它們正好再次抓住觀眾們的好奇心。

「特拉法加」的命運讓人好奇。也許有些「特拉法加」從不會在現實生活中被人穿著。有些卻會在其「生命的晚期」獲得成功，在下一季重獲新生。更有一些會被馬上修改、穿到顧客的身上，並且長久地「活了下來」。在往後的半年時間裡，人們會好奇這些「特拉法加」究竟有什麼過人之處。

在制定一個新服裝系列的規則的時候，我並沒有太多地參考大眾的意見，因為大家的反映是極大地不可預料的。我只為我自己把想法孵化出來。如果我有所讓步的話，這會讓我沒有滿足感。在最後的階段裡，眾所周知的是我會淘汰掉

好幾套的樣衣。這些樣衣雖然能夠保證銷量，但是它們內在的趣味性卻並不明顯。我會在這些樣衣上面寫上「不是為媒體準備的」字樣，並把它們從第一次的發布中剔除，因為發布會首秀的時間總是過長。

　　所有的這些決定都不是在沒有眼淚和異議的情況下做出的。比如說阿拉，她通常都是帶著她那獨特的、強忍悲傷的神情，進入到我的辦公室。看起來她就像是這個悲劇的本身一樣。她甚至都不用開口，那雙一半繼承自斯拉夫，一半滿族的眼睛裡，早已經把故事最糟糕的那部分告訴了我。

　　「你想要保留你的那件衣服？」

　　「是的，迪奧先生。這是其中最好的一件。」

　　「阿拉，你不覺得它更像是你上一季穿過的一件衣服嗎？」

　　「先生，我敢擔保它會成功的。」

　　總而言之，這種情況也不是第一次出現了。阿拉是一位女性。她熱愛服裝，她是真的了解這些服裝，這一點可不容小覷。現在我都幾近被她說服了。阿拉穿著那件問題服裝的歸來，讓我下定了決心。然而，儘管模特兒和裁縫們都有著各種的計謀來守護他們的服裝，我也深諳他們的各種狡計。每一季服裝其自身的利益必須是放在第一位的。必須嚴格保持它的統一性，它才不會喪失它的意義所在。

　　眼下，整棟建築已經變成了一個真正意義上的蟻巢。我

看見學徒們在走道上疾走，滿手都是各式的盒子或者是布料。這種景象讓我覺得他們就像是忙碌的螞蟻。他們是如此盡職盡責地忙碌著，他們彼此匆匆擦肩而過而不用交換任何言語。如果其中的一個人滑落了一塊布料，另一個就會默默地彎腰幫他撿起來。在脖子上掛著皮尺的男孩，身著一身白色工作服，匆忙而過。修理工來修理金色的椅子。粉刷匠也來了，他們在入口處刷上銀色的字母。這一派川流不息的氣氛真是迷人，大家看上去都像擰成了一股繩在往前走。這幢房子裡面的居民對於迷宮般的通道是如此的熟悉，他們在樓梯上，一邊上，一邊下，涇渭分明，井然有序。來賓們將會好奇，到底是有什麼祕密的機械裝置能讓同一群人於十五分鐘內，在他們眼前走過去四次之多。

　　員工們在現場機警和嚴肅的表現，如同一項重要儀式裡面的僧侶一般。模特兒正走下通往大沙龍的走道，一年都到頭是笑意盈盈的她們，此刻蹙起了眉頭，一臉的專注神情。

　　至於我自己，此刻已經沒有時間對她們說：「親愛的，怎麼樣？」或者是「小寶貝，我希望你不要太勞累了。」

　　現在讓我憂心的是公關部門。新一季的時裝發布會和戲劇的首演有著相似之處：與行內專家們的首次接觸是非同尋常的重要。我想說時裝界的評論家要比戲劇界的同行們要專業得多，我相信我的這種說法並未有失公允。和劇作家在公演前一樣，一個服裝設計師在發布會前夜也是被籠罩在恐懼

氛圍當中。一年裡面我要忍受兩次這樣的可怕折磨。有人戲謔地說道，這是為遊戲增添了辛辣味。就我個人而言，我對此厭惡之極，就像討厭考試的學生一樣。我的朋友們為了安慰我，說這些可怕的障礙是預防衰老的良藥。好吧，姑且就當是這麼回事吧。

隨著大日子的臨近，公司裡面的神經中樞從工作室轉移到了沙龍裡。公關部門就如同心臟，一刻不停地向各處輸送血液。德·莫薩布雷女士和多納蒂女士往下搬了一層，來負責解決開幕式當天可能會發生的特殊情況。她們要為棘手的位次問題而戰鬥。在兩個沙龍和樓梯的過渡平臺裡，為一個只能容下 250 人的空地擠出一個能容納 300 人的空間。還要在走道上，留下位置給模特兒。一個公平、靈活又複雜的草案決定了座位的優先權。事實上，我們絕大多數最親密的朋友是被安排到了門道、角落和樓梯上。他們的視線也許會被一頂帽子或者是一個肩膀擋住，但是朋友們總是對我們投以不變的寵溺眼光。至少，我們希望是這樣的。

每一個座位的擺放都有講究，其中有些是潛藏了某種習慣的，任何的改動都將會產生致命的冒犯，比如從一個報社跳槽到另一個報社的記者。有的上次還是結伴而來的幾個朋友，這次已經分道揚鑣。有的報社在上一季才突然出現，或者是其地位的重要性愈發顯著，我們也要對此做出相應的調整。每一個記者按照其報社的重要性或者是個人聲望，分配

座位。儘管如此，有時候座次還是要根據無法預見的情形來調整。比如說，一家美國報社就在信末增加了這樣一段有意思的附言來對座位提出要求。

「X 夫人想在小沙龍裡要一個臨近出口的舒適的手扶椅，因為在您的服裝秀進行之際，她正等待著寶寶的降臨。她希望如果一旦有緊急情況發生，能夠方便地離開而不打擾其他人。」

儘管有人會主動要求坐在樓梯上，因為他們患有幽閉恐懼症，但整體來說，最受歡迎的位置無疑還是大沙龍裡面第一排。為了不冒犯任何人，公關部門必須學會用各國的語言去禮貌地說不。

在我的辦公室裡，幫助我定價的粉色紙條已經開始堆積了起來。對於讀者來說，也會對發現是我在為服裝定價而覺得驚訝。因為正如前所說，我不會干涉生意裡面的行政和銷售事務。但是服裝的定價是最為基本和重要的。每一件樣衣都有一個詳盡的檔案，寫著製作它的工時，手工製作的價值，以及布料的價格。再加上一定比例的日常支出、稅費和必須的利潤，你才會對一件服裝應該怎麼樣定價有一個清晰的概念。

儘管這些價格都是經過認真計算出來的，但卻未必是正確的。一件看上去不那麼起眼的服裝的製作時間，也許比起那些更為抓人眼球的服裝所要花費的時間要多得多。由於一

件服裝出售的價格應該盡可能地和它呈現的效果相呼應，我只能降低其中一些的商品價格，而提升另一些的商品價格。小羊毛服裝、休閒或者是運動樣衣，通常都要承擔最大的犧牲。我們很難為它們制定高價，儘管它們的製作過程，特別是打褶襉的款式，是我們最為耗費勞力的服裝之一。我們怎麼樣能夠說服自己的顧客，說一件「小休閒日裝」需要的呵護和照料，與一件不同凡響的褶式華麗的舞會長裙是一樣的呢？

定價之後，公關部門就接手掌管局面了，新系列會被命名，最後的服裝陣容和試穿已經完成。在開幕式的前一天，也就是「戰鬥的前夜」，終於到來之時，我們的神經都繃得緊緊的，為此我們已經奉獻出了所有的才智和能量。開幕式前的數小時，公司裡呈現了兩種截然不同的表現。一派是驚慌的，認為什麼都沒有準備好，一切都會搞砸的。我們正處於一場災難的邊緣。另一派是樂觀派，至少也是宿命論派，反正現在也沒什麼能做的了。

我喊了好幾位朋友晚上到場來支持我。他們來到我的工作室，坐在周圍的椅子和凳子上。鏡子旁的燈光閃耀。最後的刺繡服裝來的時候還不成型，要匆忙地把它們組合成一件整體的服裝。模特兒們已經累得有點迷糊了，但還是迅速地把樣衣穿上身，在鏡子前面慢慢地轉身、走動著。她們在燈光下就如同被光環桎梏的飛蛾一樣，刺傷我們疲憊的眼睛。

我看了看勒妮，她有點發蔫，臉上的笑容越來越勉強，但這件衣服還有最後的一個細節有待修改。我知道，她會像我一樣堅持下去。在訂上最後一枚別針後，她離開了，克雷爾接替了她的位置。這次克雷爾又要試穿婚禮禮服，這是整個系列的高潮部分。她已經好幾年擔此重任。我希望她能夠一直承擔這個角色，甚至當她做了祖母的時候也還是如此。她就是一個年輕新娘的化身。

　　最後一刻準備好的服裝已經送達。這些樣衣都是在彩排之後挑選出來的。不是用來突出主導趨勢，就是用來填補整個系列裡面的空檔。它們都可以被稱做奇蹟衣裳。它們是在一夜之間被設計出來，並且克服了難以逾越的困難，在第二天的早上就被製作出來。

　　這也是時裝最後的一個反轉機會。維克多瓦這時候走了進來，彷彿要加入到這場戰爭中。她把一件充滿爭議的服裝穿在身上的架勢，就像在宣布自己誓要贏得這場回歸戰的勝利。依仗著俏皮的微笑和毋庸置疑的現代形象，她像芭蕾舞演員一樣做了一個單腳旋轉，意在終結各方對這件衣服的猶疑不決。

　　隨著時間的流逝，透徹的疲倦感蔓延上了我的心頭，雖然已經竭盡了思慮，我還是得在最後一件衣服上來之前，保持注意力的集中。場內分發給了各人三明治和蛋糕，以及紅酒。怪異的是，在這一刻，我被幸福感所縈繞。這種幸福感

是由身體和腦力上的精疲力竭，飽受煎熬的疑慮，以及和我的這些員工們一塊兒工作的氛圍混雜而成。只有在這個時候才能有那些真知灼見般的評論被提出。儘管疲憊，我們感受到由一種共同的勞動所帶來的勝利的完美結局。但這還沒有完結，還有好些樣衣需要經歷檢驗。總是會有多出來的「最後一件」，這時我們就只有再次端坐下來。

　　凌晨三點的時候，我們向彼此深情道別。雖然每個人都經受著難以言表的疲倦，雖然還有點思緒不寧，但我們相當清楚，為此，我們已經竭盡全力了。

第六章　發布秀

　　我常常覺得起床是一件困難的事情，儘管昨晚很晚才睡覺，但在這個特別的清晨，起床這件事卻一點都不費力。我想儘早地去到蒙田大街。當我們的冬季系列發布的時候，正值美麗怡人的金色八月，在 30 號大屋外的巴黎正處於盛夏之中。我在迪奧之家的門外停留了片刻，凝視著這大屋的外觀，想到一會兒將在裡面發生的景象，我已經等不及要去看一眼大沙龍了，現在這裡空無一人，但很快一排排鍍金的椅子上就會坐滿了人。花朵格外吸引我的注意力。我太喜歡它們了，並且要借此機會去放縱一下我的一些特別的念頭。我要求在這裡擺上玫瑰，那裡布置些康乃馨。接著，我換掉了一張褪色的扶手椅，從地毯上面撿起一條被遺忘的線頭。這時，羅貝爾·德·莫薩布雷從沙龍前面走過，他讓我再次想起了最近發生的戲劇性的一幕，使得他不得不對座位的安排做出改變調整。我安慰了他，然後下樓到商店裡看看。

　　在那裡，員工們也是整夜地工作。當我凌晨早些時候離開回家的時候，已經看到工作完成的大概輪廓，現在我到場給予大夥兒一些建議和鼓勵。我發現所有的員工都已經非常勞累，但他們仍然緊張地想知道他們所做的工作是否已經得到我的認可。就拿花朵這件事來說吧，我讓他們在細節上做了一些變化。

「色彩不夠充分！」

「多擺放點兒圍巾！」

為了監看所有的細節，我一邊到處奔走，一邊把評論的話語留在了肩後。

「把那個假模特兒搬走，它擋住了滿是手套的窗臺。」

「為什麼把深色的服裝放在門的旁邊，你得換一件淺色的來代替它。」

我一直在活躍整個場景的氣氛。開幕式是一個派對。所有的裝飾都充滿了歡樂和幻想，包括屋子裡的氣氛也如是。

「多噴點兒香水！」

現在已經是早上九點了。透過窗戶，我看見街道和栗子樹在陽光下留下的斑紋。車子開始在路邊排起隊來。人群在門外聚集起來，認識的朋友互相打著招呼。在客人們決定進到屋子裡面之前，空氣裡充滿了笑聲和打招呼的句子。所有的來賓都隨和地配合我們，起了一個大早來看這場發布會，這可是一個人人都在度假的季節啊。我實在是太感謝他們了。但，天啊，他們如此捧場也嚇到我了。

在工作室裡，有三或者四件樣衣在等著我，在女孩們身上的這些樣衣直到今天早上六點才完成最後的步驟。這通常都是些大衣，它們能讓發布會這首合唱曲更為完整；或者是些總是姍姍遲來的有名的刺繡舞會晚禮服。等待著去面對那些「審判者」的嚴厲時刻的到來是如此難熬，透過檢視它

們，我才能打發掉這些時光。現在一切就緒了，我已經沒有任何的修改餘地了。

當第一位賓客進入到大廳，一份他並不知情的、可以說是過份重視細節的時間表被觸發啟動，這份時間表會一直運行到整個系列都被展示完畢為止。在更衣室裡，模特兒嗅到了開場的訊息，喧鬧和椅子擦刮地面的噪音，讓她們不由自主地顫抖起來。

「他們都到了嗎？」

在沙龍和後臺的世界之間，有一個用來彼此聯繫的終極點，那就是情緒。情緒就像是一道閃光一樣從一個人傳遞到另一個人身上。但在這場同謀發生之前，兩個陣營都樂於猜疑地觀察著對方。我抽身事外，反覆地問自己：

「我的創意足夠的新穎嗎？」

「這件創新時裝真的能穿嗎？」

「這些樣衣足夠有衝擊力嗎？」

實際上，我已經無法做出判斷了。世界上標準最為嚴格、最反覆無常的陪審團正集結在樓下來對我進行審判。現在遊戲的主導權已經從我手上轉到了模特兒那裡，往後，就得靠她們的表現來幫我說好話了。我的服裝的使命就是要盡可能的美，盡可能地有說服力。事實上，正是這些服裝，見證了我的特質。我的朋友們意識到我將處於如囚犯般的處境，輪番來到「被告席」上來安慰我。可是，從我們交換的

微笑看來，他們自身也緊張得不得了。

　　還有十五分鐘就到十點了。在大廳裡，有人在來賓的走道裡噴上香水。二樓的公關部門正在分發發布會的冊子。

　　在模特兒的化妝室裡，已經是一片混亂。不亂才怪呢。這個空間原本是為 12 名模特兒和更衣室負責人德‧圖克漢女士預留的。現在湧入了瑪格麗特女士、10 名負責服裝的主力人員，所有的服裝設計師和裁縫們，還有 3 個髮型師和我的兩個隨身助理。其間還有亂哄哄的工人把服裝搬運進來，以及揮舞著配飾的年輕人。如果你想要所有人都擠在這裡，一動不動，這是不可能辦到的。這裡總是熱熱鬧鬧、摩肩擦踵。人們的手上拿著樣衣、珠寶或者是梳子，在彼此的脖子上親吻問候，有時候還會互相地拉上一把。每一個人似乎都能很好地融入這片場景當中。在每一個這樣的發布會早晨，我都會對此充滿了新鮮的驚奇感。

　　當我到來的時候，女孩們仍穿著她們的白色長寬袍，正在做頭髮或者是化妝。不少人會把時裝秀的更衣室想像成脫衣舞一般的香豔粗俗。事實上，這裡的情形比起劇場幕後還要苛刻。穿戴不整是被禁止的。女孩們只有在要換上她們的服裝的時候，才脫掉身上的白袍。匆匆一瞥也只能看到她們穿著胸罩和束腰的身材，而這和在沙灘上面看到的那些優雅的形象別無二致。她們臉上的疲勞就像被施過魔法一樣一掃而光。此刻的她們，比任何時候都要光彩動人。她們散發出

新娘子一般的光芒，在過去的六個星期裡面她們的努力工作就是為了這一天的到來。現在她們的職責是去征服、說服在場的觀眾們，把新的時尚展示給他們，讓他們覺得這是無法抗拒的。維克多瓦帶著一種伊菲琴尼亞（希臘神話中阿伽門農的女兒）般的莊嚴，她已經為這場「祭祀」準備就緒。呂琦正在聚氣凝神，對於她來說，每一次進入到沙龍的入口都意味著一次蛻變。她坐下來的時候，看起來就是一副因為超負荷工作而累垮的樣子，而一旦站直身來，她就是光彩奪目的。呂琦本人就是時尚的化身。她能夠隨心所欲地把一件服裝演繹成喜劇或者是悲劇。莉婭在角落裡認真地在她那張長著淡淡雀斑的臉上化著妝，撅起的小嘴看上去就如同一位小女孩。有人進來通報第一位重量級的嘉賓已經抵達。登時，所有鏡子裡面都映照出努力妝扮的身影，她們在全力以赴地美化著自己。

　　沙龍裡布滿鮮花，泛光燈和枝型吊燈帶來燦爛的照明，人群開始填滿整個空間。整個場景輕鬆而又世俗，這與劇院的公演之夜有著天壤之別。這裡沒有鄭重其事的紅地毯，沒有用擺放整齊如線的手扶椅來彰顯戲劇表演的意圖。路易十六風格的座椅，雖然為數不多，卻營造出一種在家裡客廳欣賞喜歌劇的氛圍。

　　更衣室裡的電話鈴聲此起彼伏。瑪格麗特夫人要求工作室把那件不見了的樣衣給拿出來。像這樣的事情，在我開設

自家設計室以來，每一季都在上演。每一季我都嘗試去確保所有的樣衣在發布會的前一天晚上都拿了下來，並掛在衣櫥裡。可都是徒勞無功，我敢肯定我從來不會在這件事情上取得成功。裁縫們直到非常最後一刻才樂意把他們寵愛的寶貝們交出來。前夜，在黑暗的工作室裡，它們被靜靜地留在模特兒的身上。在那裡，這些樣衣還是屬於裁縫的；而一旦搬到了樓下，裁縫們就會產生一種非理性的感覺，覺得他們的寶貝被剝奪了。他們的情感在我的心裡也引起了共鳴，和他們一樣，我對於這些樣衣的命運總是感到難過和內心刺痛。我們在它們身上傾注了如此多的關愛，而它卻有可能在熾熱的聚光燈下枯萎。從這個夜晚開始，它們也許會被不屑一顧或淪為笑柄，甚至是被置於腳下踐踏。對此，我無能為力，無法阻止，但這一直使我痛心疾首。因此，除了個別的幾次例外之外，我再也不奢望與這些樣衣發布於世之後再重逢。我懼怕再次見到我的這些老朋友，在它們於公眾面前誕生之後，商業因素已經大大地改變它們。它們已經成長得離我非常遙遠了。

　　沙龍裡已經填滿了人。樓梯上面也快如是了。擁擠的觀眾們無所不用其極，已經開始伸長了脖子張望起來，看到的也只是維克多瓦戴著的帽子的頂端，或者是一個更為高挑的模特兒的整張臉龐。如果你占得先機，從樓上透過鍛鐵欄杆，還是能看到模特兒的全身裝扮。如果你只是坐在樓梯上

稍高一點的階梯上，可以看見晚禮服的褶邊。最差的情況就是，你只能看見一對鞋子的鞋尖。樓梯上要空出適當的空間來保持舒適度。在發布會開始前的半個小時，兩人可以舒適地肩並肩坐在每一層階梯上。但是二十分鐘過後，他們就被淹沒在如潮水般湧入的人群裡。樓梯看上去就像一艘超載的船，幾近沉沒。一部分幸運的員工有自己的容身之處，有些坐在小塊空地的椅子上，有的坐在窗臺上，其他的分散在各處，尋求哪怕是一英寸的容身之地。在樓梯最高處可看到一群身著白色衣裳的學徒，他們暫時擺脫了工作室頭兒的嚴密監管。

　　上午 10 點 24 分了。

　　我向雷蒙德夫人傳話詢問沙龍的情況。我想要知道那些最重要的嘉賓來了沒有。沒有他們，這個發布會沒辦法開始。她給我捎來他們已經到位的消息。眨眼間，模特兒準備就緒。現在已經達到發布會的白熱化狀態，模特兒在通向沙龍的狹窄走廊呈現出一種戰鬥的秩序。更衣室裡面的氣氛愈加的緊張，我想這種緊張感也傳到了觀眾那裡。彼此都無法預料將會發生什麼事情。萊蒙德夫人輕輕發出「嘶」的一聲，意味著第一個模特兒可以開始她的走臺了。我站在簾子的後方，暗中為她們祈禱。

　　在此刻，在模特兒穿上時裝之後，在她們展現在沙龍中的明亮光圈之前，是我第一次，也是最後一次去發現我的服

裝的魅力的時刻。無論我有多麼勞累，這個特別的時刻總能給我帶來幸福感。女孩們和服裝從未如此親近。樣衣的終極命運仍被不可知所籠罩著。但是我所有的憂慮和疲憊都得到了極大的回報，我終於看到夢想在眼前實現。

成功從何而來？我無法預判。它會在我預期的道路上到來嗎？衣服的新意和真實的靈感會帶來成功嗎？亦或是，恰恰相反，眾人會對我最鍾愛的服裝不屑一顧，而對其它的服裝不吝溢美之詞？甚或是大家對它們一臉冷漠？這將會是最大災難的到來，這些擔心常常讓我噩夢連連。

觀眾就在那邊坐著，眼神犀利，充滿了好奇，他們要麼會變得充滿熱情，要麼就是極度失望。人們站起來向沙龍另一端的朋友打招呼，遲來的客人正在尋找發布會的流程單。我們給大家分發了些糖果。一個女孩試圖在密不透風的椅子中找出一條路來給來賓們派發扇子。人們點起了手中的香菸。

當第一位模特兒走進來的時候，好像是施了魔法一樣，大家都坐了下來，一片安靜。在門後，報幕員讀出了服裝的號碼和樣衣的名字，並且用英語把號碼重複一遍。

「14 號。（原文為法語）14 號（原文為英語）。」

模特兒走進沙龍，轉身，穿過椅子間的狹窄空間，然後走到小沙龍中去。在那裡的入口處，第二個報幕員再次重複服裝的名字和號碼。接著，報幕聲第三次在屋子裡響起：「14 號。（原文為法語）14 號（原文為英語）。」

　　我們站在灰色的簾子後面，感到一陣痛苦。第一個二十分鐘在沉重的安靜裡度過，其中混雜著希望和焦慮。我都不敢去問這些女孩們，她們在沙龍裡的表現產生了什麼樣的效果。末了，我從她們的滿意神情中獲得了勇氣，向她們發問。她們的回答也很積極。「是的，先生，這是個偉大的成功。」

　　或者是：「我出場的時候毫無疑問地引發了一陣騷動。」

　　但直到有模特兒獲得第一次掌聲，我才恢復了呼吸。我這才有了一些因為滿意而來帶的微笑。我親吻了這位模特兒的雙頰，我想所有模特兒都想對她做同樣的事情，儘管她們之間是競爭對手的關係。然而，獨木不成春，還需要更多次掌聲的響起，來建築起觀眾的真摯熱情。接著，掌聲的出現的節奏加快了。

　　在換衣服的空檔，她們頻頻向我報喜：「他們被這件衣服迷住了。」「這次我贏得了大片的掌聲。」

　　我幾乎是顫抖地嘗試著把這些語言轉化為更加確切的問詢話語：「你覺得這和上季一樣棒嗎？」她們在換衣的間隙回答我，聲音卻被服裝裹住，她們倉促地向我確保正是如此。其實在她們走臺其間，是沒有什麼機會去觀察觀眾們的反映的。這就是為什麼她們彙報的話語是這麼的模糊。「我覺得場子開始熱起來了。」

　　我記得有一次從弗朗士那裡得到了一個不同尋常的回

饋。她是我早期的模特兒之一，自那以後就離開結婚了。她在更衣室坐下來，翹起了二郎腿，用她那緩慢、小女孩般的嗓音，令人不安地直接說道：「他們都喔的一聲，我想我把他們都迷住了。」

對於她來說，這就是她的體會。很快她就繼續專注於化妝，而不管別的事情了。當然不可能所有的服裝都會獲得成功。模特兒面對失敗的反應也是各異的。塔尼亞面對反覆無常的觀眾，總是以自己獨特的幽默感去否認失敗。當她從沙龍裡回來，總是用俄語去咒罵那些不識貨的觀眾，如此一件美麗的衣裳在他們眼前出現的時候，他們都沒有能力去欣賞。她氣憤得簡直要把他們的眼睛挖出來。但多數情況下，模特兒都是安靜又快速地更換衣服，迫不及待地要回到沙龍去一雪前恥。

有時候，最後一刻出現的事故讓我們都惶恐不已。我們用顫抖的手，別上好幾個別針，希望能夠把墜落的裙邊掩蓋起來而不被觀眾發現，這可是不可原諒的醜聞級別的差錯。我們不敢做任何奢求。我最得力的助手交給模特兒一把雨傘，我匆忙地往她的脖子上繞上圍巾，為的是把考官般的觀眾的注意力從她的裙邊轉移開去。樣衣終於要走向這群「陪審團」了。當看到裙子危險地下沉到大衣的下方時，雷蒙德夫人的心臟幾乎停止跳動了一下。幸運的是，好像只有她注意到了這一點。

　　模特兒向前、轉身、把夾克脫下掛在手指上，在空中懸掛著展示了片刻。突然間，掌聲雷動。也許是衣服的顏色，也許是領口的設計引發了這陣掌聲。任何情況下，只要公眾沒有察覺我們的「罪惡」，我們就是可寬恕的。

　　在發布會中，魅力四射的氛圍裡，觀眾們會為一件只刺繡了一半的服裝鼓掌。他們對此一無所知，我們只好倉促地進行重新設計來掩蓋這場災難。一件簡約的黑裙就沒有這樣的能量了。它不會引發即時的熱情，但是從長期來看，它又以自身的簡約取得了勝利。

　　如果一切進展順利，現在輪到第三十件樣衣要去接受沙龍裡的考驗了。雷蒙德夫人從她的觀察職位上短暫地離開，向我彙報在更衣室裡面發生的事情：「老闆、老闆，我認為一切將會進展順利。」

　　她是一個謹慎的人，有了她的擔保，我覺得這並不是過分樂觀的推測。我開始受到鼓舞。只是在完場前的二十分鐘，我又變得失去了信心。

　　雷蒙德夫人對沙龍裡發生的事情瞭若指掌。她能夠分辨出不同類型的掌聲：是來自記者的，還是公司的朋友的。最初的掌聲通常都是來自分布在沙龍各個區域裡的記者。他們在用掌聲對一件樣衣表達熱情之前，必須先在筆記本上寫下對其欣賞的原因。第二種掌聲更具有自發性，儘管它的分量沒那麼重。無論如何，兩種掌聲都能讓我們身心愉悅。

雷蒙德夫人閉上雙眼就能描述出每一件服裝受到的確切的受歡迎程度。比方說，她會聽得出來花紋套裝配寬下擺女裙在大沙龍獲得了掌聲，小沙龍也延續了這陣掌聲。到了樓梯那邊，掌聲已經顯得極為興奮。她絕對能夠寫出一篇《掌聲與時裝設計的關係》的論文。主題涵蓋了從一件訂製的套裝引起的尋常掌聲，到終場時刻喧鬧的歡呼。別忘了還有那獻給精緻的晚禮服的雷鳴般的掌聲。

她也是能夠解讀出在那些嗡嗡的討論聲裡面所暗藏的意味的專家。她知道哪些竊竊私語是由驚嘆構成的，既有欣賞也有批評夾雜其中。她能解讀出伴隨著某位模特兒出場而來的碎言碎語並不是一個好兆頭，這表明人們的注意力開始下降了。如果一些隻言片語是出現在專家們的掌聲之後，那就意味著這是他們的熱情認可的延續和再度確認。雷蒙德女士也會在大秀謝幕的時候鼓起掌來，帶動起後場的觀眾。我的一些朋友認為這很庸俗，與像金子一樣的沉默比起來，這樣的舉動顯得低級。但就我看來，我必須承認我非常欣賞她為我這麼做。

在大秀的中間，一股困乏之意橫掃整個沙龍。在半個小時的時間裡，該系列的命運就已經成型。媒體對新系列的風格已經有所認知，並且對新樣衣的出現不再感到新鮮。女人們透過補妝釋放困倦感。不知道是出於什麼原因，她們似乎在同一時間裡達成了默契一般，行動一致。在過去的一個小

時裡面，作為觀眾，她們得到了愉悅的享受。突然間，她們好像才覺悟過來，在秀場裡，自己既是來觀看的，也是來被觀看的。她們像罪犯一樣偷偷摸摸地往鼻子上補妝，也在她們認為出現了瑕疵的地方補妝。有人點了支香菸。有人查看了一下手提袋是不是還在自己的身邊。有人伸展開膝蓋和大腿。有人把裙子的型再次整理出來。有的把不久之前悄悄脫掉的鞋子又滑穿到腳上。

所有的這些細節都是透過演默劇一般的方式向我彙報的，因為我從不走進沙龍裡面。雷蒙德女士給我傳來一張紙條，上面用鉛筆簡單地寫上了一句：「加速。」

我領會到我們必須加快步伐了。

還差十五分鐘就十二點了，更衣室裡的焦慮不安達到一個高峰。在好幾分鐘裡，雷蒙德夫人特別關注發布秀的順序。她擔心有模特兒被落在了後面，或者是另一個模特兒插了隊。日裝轉變成晚裝這一決定命運的時刻，終於到來了。

髮型師忙碌得就像芭蕾舞演員一樣，在模特兒之間旋轉起跳。像所有女人一樣，當在髮型師的控制之下，她們是聽不見，也看不見任何東西的。所有的女孩都在大聲吵著要自己的假髮，我只能等她們脫離開髮型師的手之後，才把假髮分發給她們。口渴的勒妮要來了一杯水，找了一塊空地一飲而盡，也不怕滴到她的樣衣上。有的女孩在搶奪化妝臺，並且阻擾對方化妝。我把幾個無關的裁縫趕出了更衣室。

「女士們，請離開這裡好嗎？」

第一批晚會禮服從天而降。它們從周圍都是更衣室的長廊上面降下來。緩緩地掃過下面那些人的腦袋，有時候還會把下面的人一整個套住。於是，引起了請求保護的尖叫聲和哄堂大笑。正當模特兒們排著隊準備進入到沙龍的時候，一位小裁縫在樓上狡詐地低語道：「太可惜了。我的衣服被瑪格達穿了，要是給珍妮穿的話，一定好看多了。」

對此，我火冒三丈。「你給我下來，討厭的搗蛋鬼。」

短晚禮服、長裘皮裝、長裙禮服，然後是鑲滿刺繡的舞會禮服。我自己決定了這樣的出場順序。就像一個放焰火的專家一樣，我得釋放出不同色彩的全部精彩。我的模特兒像一支華麗的艦隊一樣出發了。鼓帆全速前行，她們以新的時裝為名，將前往征服這個世界。

現在輪到克雷爾穿上結婚禮服來為發布會劃上句號了。她是天生的模特兒，她也熱愛自己的工作。她已經結婚好幾年了，但是在所有的女孩當中，她是擔任年輕新娘的最佳人選。這可不是一個容易的角色，它附有一種迷信的色彩。製作這件禮服的女孩會把她們的頭髮縫牢在裙邊上，祈求來年覓得好夫婿。模特兒則聲稱穿這件禮服會帶來厄運，說穿上她的女孩將永遠不會成為現實中的新娘。

模特兒最後一次從沙龍回到更衣室。把手套脫掉，把珠寶放回原來的盒子裡，她們累得要在梳妝臺前面趴下。克雷

爾從一間特別的小隔間走向旋轉的樓梯，去做好準備。有兩個學徒從旁協助，他們幾乎被埋到了拖裙裡。克雷爾神蹟般地繞開了一條路，通過這擁擠的走道。她進入到大沙龍裡。學徒們把拖裙交給了伴娘。她的面紗不久之前還只是一塊雪紡布。現在已經是她頭上一抹輕盈的白雲。報幕員高聲宣布：「盛大的結婚禮服。」

　　這就好比是一個信號。當克雷爾開始她的雪白旅程的時候，更衣室裡面一片安靜。從最謙卑的裁縫到雷蒙德夫人和我自己，我們都在焦慮地等待，她將會獲得怎麼樣的回饋。她獲得的掌聲，不止是這件禮服本身的，還關係到對整個系列的評價。

　　結婚禮服已經上臺了嗎？這就結束了？我簡直不能相信。在大家都站立起身之前，她都好像未曾離開過我們。克雷爾又被推回到了臺上，掌聲洶湧而來。大家動身離開坐著的椅子，煙灰飛舞在空中，現場一片混亂。觀眾們分成不同的小組。有些人在點頭表示同意。有的則就系列裡的某些特別的點展開爭論。「高級時裝」的大家庭重新聯合在一起了。

　　無論是恭維、爭論、批評還是八卦，大沙龍裡面的每一個人都在自由地交換著意見。與此同時，侍者們已經捧著香檳，在樓梯上聚集。我們用香檳來向新的時尚祝酒。

　　我懼怕的時候業已來臨。我得直面對所有的說話聲、笑聲、歡呼聲和嘆息聲。之前，我只是在躲在灰色緞簾的後

面，聽到一些迴響而已。我只好不再裝聾作啞，接受來自朋友們的熱烈情誼。這一刻對於我來說還是比較恐怖的。從發布會一開始，我就滋生了這種恐懼的心情，現在達到了高潮。這也是一個甜蜜的時刻，我見到了某些朋友們親愛的臉龐，我還擔心不知道他們會不會出席捧場。香檳已經上了一輪又一輪，我與那些伸長出來的手相握，親吻香腮，接受來自員工們的祝賀，聆聽那些稍有誇大的對新系列的讚美之詞：「美極了！」「太招人喜歡了！」「真是迷人！」

　　每張嘴都在說起我的名字。我們想要感謝在場的每一個人，告訴他或者她，能讓他們滿意，我是何等的幸福。沉浸在喧嘩和喜悅裡的我，幾乎沒有時間回答記者哪件是我最為喜歡的服裝。

　　「它們都是我的最愛，」我回答道。「它們是我的孩子，我對它們都是一樣公平的愛。」

　　我每年都會見到這些朋友兩次，而且總是在這樣感人的環境中。我們建立起來的這種親密的情感甚至超越了血緣。我不清楚其他的服裝公司會不會在發布會結束後有和我們一樣的親吻儀式。由於我是一個自然就會展現愛意和溫柔的人，我在那天會親吻很多的臉頰。我自己的臉頰上面也是布滿了紅唇印，這無疑是成功的佐證。更不用說紅色是我的幸運色。

　　更衣休息之後，模特兒走進了沙龍。我看見她們在角落

裡，啜著香檳，身體仍因為發布秀的緊張強度在輕輕地發抖。她們的微笑混雜著緊張和滿足感。過一會兒，我將會與她們一起去更衣室，和裁縫們一起為我們的成功而乾杯。隨著緊張感的減緩，我感覺一陣倦意襲來。在這個時候，連困倦都是甜美的。我在朦朦朧朧中回答了向我拋來的一大堆問題。我萌生了一個強烈的念頭：坐下來，好好地品嘗發布會完結的喜悅滋味。

　　我想要大喊：「完成了，終於結束了！」

　　同時我感到明天就會陷入無法忍受的空虛當中。我的生活就是圍繞著為發布會做準備，以及由此而生的或折磨或喜悅而打轉。明天我就可以休息了，我將無法體會這種感覺。雖然休假是一件非常愉快的事情，但我總覺得空洞。沙龍漸漸變得空空蕩蕩的，我又想起了前不久才把這裡填滿的那些服裝。天曉得明天在店裡會發生些什麼？現在它們被重新掛回到衣櫥裡面，就像那些被人遺忘的空香檳杯子。此刻我想在它們面前坐下來，最後一次凝視它們，並且發自內心地向它們表達我的謝意。

第七章　服裝的羅曼史

　　每一季的服裝在完成和發布之後，它的生命才真正開始。那些負責幫助服裝走向商業化第一步的人會認為我是一個怪異的父親。當系列的發布會結束以後，我就不再對我的孩子感興趣了，特別是不會再去見它們。

　　從它們向媒體展示的那個夜晚開始，在它們於職業的買家之前列隊而過的時候，它們就已經不再是我的孩子，而是變成了有商業價值的物品。

　　率先到來的客人是由巴黎分公司人員陪同而來的大型美國商場的代表。他們就像時尚作家一樣對優先權很感興趣。他們會為他們的坐席花大價錢，換句話來說，他們支付了大筆的押金，來保證會在發布會上進行採購。盧林女士與米納西安女士和公關部一樣，對早上安排座位這項工作倍加關注。紐約和芝加哥的來賓結對一起坐。舊金山的坐在沙發上。波士頓的位置面朝窗戶，與來自蒙特利爾的代表分享一整排的扶手椅。每一個人都會獲得一種他或她就是我們最重視的客人的感覺。當然了，不得不提的是有的五人一組的嘉賓還是得在原本只是兩個人的沙發上擠一擠。早上還被記者們忽略了的這間小沙龍，現在已經成為最有價值的區域了。能夠進入沙龍的人是不多的，相對不容易被人留意。為了取悅我們的客戶，我們得在沙龍裡各處擺放上一些屏風，

這樣他們就可以不用覺得我們在盯著他們的反應，可以在一個比較隱私的環境裡安心看秀。

　　不同買家在沙龍裡坐席的相對位置是由他們各自的商店的重要性來決定的，也會與他們和我們做的生意額的大小有一定關係。米納西安女士會微笑地告訴我，她為某個客戶安排了一個和上個系列時候相比較差的坐席。「我這是在懲罰他。在上個發布會裡他沒有買下多少服裝。」

　　第一批客戶在下午三點左右到來。客戶彼此之間都認識，我們也認識他們全部。多年來，我們已經變得像一個小家庭一樣。不過他們都是嚴肅的職業人員，也沒有什麼時間瞎聊天。每個人都面無表情，表情管理很到位。沒有人會顯露出他對某一件樣衣的喜愛。相反，他們會竭力不向機警的同行暴露自己的偏好。這樣會令座次安排非常重要。盧林女士因為要不偏不倚地做到既不冒犯又不討好而焦慮得得了偏頭痛。

　　上午剛剛經歷極度歡喜的模特兒們，現在要面對的是一群有意地把冷漠放在臉上的客人。這是時裝世界裡面快速變化的氛圍裡的一個完美幻影的體現。這些服裝不再是行家們欣賞的東西，它們已經成為了商業競爭世界裡面的武器。女孩們仍沉浸在近日輝煌的興高采烈當中，對眼下的這種待遇總會稍感不適。她們仍全力以赴來贏得掌聲，儘管能夠讓人鼓掌的只有舞會長裙的樣衣。和日裝相比，它們總是獲得更

加明顯的讚譽，但大的百貨公司很少會訂購它們。

　　我並不期待這群聚集在一起的精明的內行人會顯得激動莫名（他們通常都不會為自己要訂購的服裝鼓掌），我期待的是一種有分量的沉默。沉默的程度越深，時間越長，我就越加確定這件樣衣成功了。買家們會專注地檢視服裝系列裡最微小的細節。如果向誠信的客戶建議他們拷貝一件他們並沒有購買的樣衣，會被視為是一種冒犯。他們會增加訂單，但也會盡可能去記住沒有下訂的那些服裝的細節。這就是為什麼他們的態度是如此的嚴厲，專注力和決斷力兼有。

　　克雷爾回到更衣室的時候，沙龍裡面的談話聲就此起彼伏了。每個人都忍不住要對剛才的發布會評頭論足，很多買家想要找到某一個相熟的銷售，以便能夠更加準確地下單。其中的一些人相當慎重地把整個系列看了兩遍。有人別無選擇只能在當天晚上就下了訂單。要說最匆忙的買家，我來自蒙德利爾的好朋友艾爾文·沃克算是一個，他第二天就要乘坐飛機趕回國去了。

　　可憐的服裝。從今以後它們將會面對怎麼樣的一種命運！買家有權利對服裝進行徹底的檢查，樣衣要經歷數小時的察看、度量、裡外翻轉、拆線，有時候直接就被拆解成碎片，為的是發現其中的祕密。如果紐扣和刺繡沒有作為樣品或者是紀念品被撕扯下來，我們就已經倍感幸運了。在這樣的「大屠殺」期間，我是不願意來到沙龍裡的。這對衣服能

造成多大的傷害就能對我造成多大的傷害，我要遠離這樣的地方。

公關部門要求拿一些服裝來進行拍攝。米納西安女士也要為一位不耐煩的顧客送去這批衣服。一位售貨員在尋找一件特定的服裝，而工作室要找的正是同一件，他們要拿來去為另外的客人進行修改。所有人都在同一時刻追逐著同一件服裝。他們異口同聲地說只消兩分鐘就好。

當一切結束的時候，通常已經非常晚了。盧林女士永遠都是那麼的歡快和具備良好的幽默感，她看上去總是精力充沛。她還有餘力和來自世界各地的時裝界的姐妹們出去玩樂。她們在一個工作日過後，容光煥發地投入享受這五光十色的巴黎。

第二天來的客戶是製造商們。很多大商場的代表來了第二次，這一次，比前一天要混亂得多。每一扇門、每一個屏風的後面，以及每一個階梯上都坐著兩個聊得正歡的人，一個在賣，一個在買。也有人在通道上跌跌撞撞地尋找一件再也找不到了的樣衣。熱鬧一直持續到晚上。那些在深夜時分路過的人們，看見這座在蒙田大街和法蘭索瓦一路上的房子仍然燈火通明，大概不會了解到整座房子裡忙碌的瘋狂景象。

夜幕漸臨的時候，售貨員已經疲憊不堪，客戶也處於忍耐的邊緣了。如果持續的時間不太長，我們會給大家提供一

些食品。香檳和威士卡已經在那裡等著重振垂頭喪氣的靈魂了。工作在不斷地循環著。每一個買家都有他自己的個人偏好。他也會特別偏愛某一個沙龍、某一位模特兒。他也會有讓人厭煩的怪癖和小笑話。每當混亂場景發生的時候，盧林女士就會馬上出現。她能夠把每個名字和每張臉對上號。即使是面對說著最嚴厲話語的人，她也能微笑地去打招呼。她看上去優雅又從容不迫，細心留意有沒有人在角落裡把樣衣上的珠寶拿走，或者在利用一個陰暗的角落把樣衣都卸成了八大塊。

訂購是一門艱深的藝術。買家要有本事把顧客的要求和創新的需求協調起來，準確地挑選出那些能讓挑剔的顧客滿意的服裝。他的每一個選擇都是與糾結和猶豫做大量鬥爭的結果。在清晨的時候，累得要死的售貨員終於可以上床睡覺了。她所有的買家都是一面非常趕時間，一面又遲遲不能下定決心的人。第二天，睡好了一覺後，疲憊的身心得以恢復，她會發現買家們還是很可愛的。

接著，輪到歐洲和其他國家來採購了。我們得增加一行新的椅子，座位得重新安排。模特兒能夠活動的空間被縮減。世界各地的買家們聚集在一起看秀。一位銷售員要為五十位義大利客人申請好座位。另一位則抱怨她的黑山客人被塞到了一個不起眼的角落裡。在沙龍裡面，人們用各種能夠被理解的歐洲語言進行對話。

　　我從不想出現在這樣不尋常的時裝秀裡，我的服裝在這裡就像奴隸市場裡面待售的女奴一樣。儘管我知道大家欣賞我的服裝並且尊重我。

　　通常來說，我覺得能夠大賣的樣衣總不會讓大家第一眼就青眼有加。他們需要時間去適應這個設計。那些宣稱自己不惜代價求購創新服飾的客人，總會在看到它們的時候反而變得倔強對抗起來。我也會被媒體批評，從長裙開始，短裙、突出胸部的款式到平胸款式，收腰款式到鬆腰款式。同一個記者常常會寫出自相矛盾的批評文章。

　　發布秀後的五個月，時裝展示每天都在繼續。外國買家離場之後，巴黎的來了。接著是國際上的客人。最後就是旅行者。她們的巴黎之旅就包括了要到迪奧去看一眼。明星模特兒已經疲憊不堪，只在正式的秀裡面上場。我們也會啟用一些替補的模特兒為數不清的顧客們再次展示服裝。他們想在發布會之後再看一眼樣衣。

　　與此同時，在蒙田大街區域附近的酒吧、酒店裡正在上演最具戲劇性的戲碼，或者可以說是一場悲喜劇。儘管每個時裝店都在遵守嚴格的法律條文和有著嚴厲的監管手段，我們這一行還是沒辦法完全杜絕這些寄生蟲和騙子。

　　服裝被抄襲有五個經典的做法。最讓人反感的就是內部員工的背叛。每一系列的服裝都是團隊合作的結果，老闆、裁縫師、工人和模特兒，所有人都把他們的命運和發布會的

成功捆綁在了一塊。因此這種背叛特別噁心，必須採取一切措施來防止。

當樣衣從一個地方運到另一處時，它們都會被套上一件外衣，或者是蒙上一層白布。以至於扛著樣衣來來往往的女孩們好像在扛著幽靈一般在行走。設計圖紙都被細心編號。未被採用的布料和樣衣在發布會之前都被嚴加保管，因為它們會洩露本季服裝的趨勢。當陌生人靠近的警示發出以後，工作室裡所有的衣料、帽子、輔料都被蓋上厚厚的毯子。在每一個工作室，甚至是走道上都張貼著無數的告示來提醒員工「抄襲就是偷竊」、「盜版搶走我們的飯碗」。慶幸的是，我沒怎麼遇到這樣的事情，只是在公司開業之後的早幾個月裡發生了少數這樣的案例。

第二種抄襲發生的階段較為晚，發生在服裝展示給媒體的時候。大多數情況下，也算不上是真正的抄襲。也就是在服裝發布以後，對服裝的細節進行盲日的模仿。

所有的法國記者在申請參加發布會的時候，都得簽署與一份服裝設計聯合會的特別承諾書，明晰自己的權利和義務。但是一些外國記者，特別是不從屬於任何特定新聞機構的記者，他們只是來完成臨時的報導任務，就顯得不那麼的誠信和守規矩。

我們在沙龍裡各處安排了三、四個人負責監督這些違規行為。個別違規者很快就漏出了馬腳。我們會禮貌地要求這

些惡人把他們現場繪製的素描交出來。時裝界的鐵律不容更改：寫下你喜歡的款式號碼和名字，而不是把它們畫出來。有意的抄襲並不多見，但是情節更為嚴重。我們發現一個壞蛋用一個只有鈕扣大小的顯微照相機來拍我們的服裝。他馬上就給我們請出了大門。

　　第三種也許是最常見的抄襲人。他們就是我們的顧客，毫無職業道德可言。他們偷偷地畫下那些他們看過的服裝，假裝是為了記住服裝的樣式和對上其名字。一旦我們發現他們的這種行為，他們要麼就得買下這些樣衣，要麼就要上交素描本並且沒收定金。可以歸為同一類的做法還包括有一些本地或者是外國的買家勾結起來，每個人買一件樣衣，他們把所得的樣衣組合起來成為一個模仿系列，這樣的話每個人的投入都相當小。與其說他們在行使買家的正當權力，不如說這就是一種明目張膽的欺詐行為。

　　每一季服裝的祕密最初只是設計師和隨身助手知道，隨著一輪又一輪的展示，而不斷為人所知。如果新系列被過於廣泛和迅速地宣傳開去，它就會過早地為人所熟悉，因此而失去一些商業價值。媒體對於時裝的影響，在歐洲和美洲有著極大的不同。在美國，媒體和服裝界是夥伴關係。法國的設計師通常會抱怨媒體透過曝光大量的照片，草率報導而降低了服裝的商業價值。但與此同時我們也必須清楚知道，雜誌上面的服裝照片也許會引發讀者的購買欲。然而，無論一

張圖畫或者是照片的技巧多麼的嫻熟準確，也無法替代樣衣本身。正如裁縫師如果沒有布料就無法做出一件真實的衣裳一樣。一位衣著講究的女士不會滿足於那些照著圖片縫製出來的服裝。

以上我所列舉的抄襲行為還只是一些輕罪。以下我給大家說的這兩種形式，簡直就是強盜行為，對服裝設計這一產業的未來是一個嚴重的威脅。

「樣衣租賃」在戰後的若干年裡都生意大好，直到 1948 年，他們的頭目，一位狡猾的女士被捕。她從中間人（通常是些私人顧客）那裡買來巴黎所有大時裝店的最好的樣衣。回到美國以後，她組織自己的抄襲秀。這些半正式的時裝秀在紐約的高級酒店進行，只有受到邀請的人才能前往。每個來賓都要支付價格在 350 到 500 美金不等的入場費。他們能夠以這個價格取走任何相中的樣衣，不過在他們抄襲完畢之後，三天後就得歸還。如果想要帶走更多的樣衣，入場費就相應地提高。有些人甚至會預定那些特別受歡迎的樣衣，等樣衣歸還之後，他們就接著繼續抄襲。

1948 年，一項預審通告裁定，「樣衣租賃」向給法國時裝聯合會造成的損失支付幾百萬法郎的罰款。然而由於她的行為在美國沒有構成犯法，她繼續在那裡重操舊業。她和好幾個製造商簽訂協定，製造商以合約價格買得樣衣，並且把這些樣衣交給她去做她的紐約系列。法國的設計師為了進行

自我保護，連續三季把識別號碼縫在每一件衣服的襯裡。每一位來巴黎參加發布會的買家都要簽訂一份正式協定，保證不會以獲利為目的，把任何樣衣轉手給產業內的同行。一旦我們發現產業鏈條最終端這些人的罪行，就會曝光他們。法國服裝聯合會派出一個代表參加了在紐約酒店裡的所有這樣的時裝秀。這位代表偽裝成為客戶，租賃了好幾套服裝，然後把襯裡拆開，把裡面的祕密號碼發回巴黎。就這樣，透過一步步的偵查，所有受雇於「樣衣租賃」的製造商都被一鍋端。其間還發現一些經過羅馬空運至紐約的樣衣，被利慾薰心的買家們連夜抄襲。

在對抗抄襲的過程中，我們採用大洗衣店的辦法來標記衣服，使用一種肉眼看不見，只有在紫外線的照射下才會顯現的永久墨水。現在所有從我們公司出去的服裝都帶有這些先進的標記。

「樣衣租賃」雖然沒了市場，但又出現了樣衣圖冊發行商。這種抄襲手段的成功，大規模的傳播，部分原因可以從法國和美國法律的不同中獲得解釋。美國的法律對於藝術和商業版權的保護較為寬鬆。

在一些主要的法國服裝發布會之後，甚至在服裝被運送到我們常規顧客那裡之前的這段時間，這些發行商的大量訂閱用戶就會在家裡收到樣衣圖冊。只要支付數百美元，就可以獲得包含有各大服裝屋主要樣衣的圖冊。如果買家想要更

多的圖冊，支付的費用就按比升高。這些人足不出戶就可以
肆意獲得和處置大量巴黎服裝的資料。這些發行商竟敢厚顏
無恥地要求客戶們都保持緘默，以免遭到起訴。

　　僅在 1955 年的八月，就有超過一千名的訂閱者透過這種
途徑，獲得主要來自法國設計師的約三百件樣衣。其中有我
的 142 件樣衣，有 57 件是一模一樣的照搬照抄。這些發行商
賺的錢，比從法國出口到各地的服裝加起來的利潤還要多。
他們處於法律的灰色地帶，行事隱祕，以口頭形式雇傭買
家，甚至把他們的服務拓展到了歐洲其它國家，像瑞典、德
國和比利時。後來，這個邪惡的集團終於被揪了出來，現在
正面臨多個國家的一堆起訴。結果將會是怎麼樣呢？這對服
裝設計的未來意義重大。

　　誰來為這些畫冊的編輯提供資訊呢？恐怕他們的信源就
來自我們信任的客人。他們參加了最初幾天的發布會，甚至
就是在開幕式當天。而這些圖冊在開幕式後最遲四天的時間
裡就會出現在市場上。透過對比參觀記錄，不同的時裝公司
是有可能找出那些可疑人物的，他們出現的時間和盜版的出
現的時間點不謀而合。但是到目前為止，我們還是無法證實
我們的懷疑。

　　抄襲者一定有著過人的天賦。正如我之前所說的，冬季
系列裡 142 件樣衣中的 57 件是被一模一樣地抄襲了。這個造
假的人主要是依靠他的記憶力就還原了發布會的一切，因為

在沙龍裡，他是無法對一個新系列的服裝的主要部分進行素描，而又不被鄰座的人和在場的監察員所察覺的。當然，發布會當天派發的節目單會有助於喚起他的記憶。但是撇開這個不說，這些抄襲的素描的精確度證實了抄襲者具有驚人的觀察力。

　　這種做法無疑讓我們蒙受巨大的經濟損失。每年有兩次，我們打開大門，甚或是張開雙臂，把這麼一兩個人迎進來看我們的發布會，而他們此行的目的卻是一種公開的打劫行為。這點實在讓人無法接受。

　　我既沒有福爾摩斯的頭腦，也無法像瑪格麗特般思考。對此事，我沒有進一步探究下去。我所描述的那些事件，其實我很少參與其中。一旦兩場發布會都結束了，我就轉向其他的事情去了。我會見某些買家和記者，後者這些年來已經變成了我的親密朋友，就像我的商業夥伴一樣。我也把員工們召集到一塊來致謝：裁縫師以及他們的助手、模特兒、工作室裡面的工作人員，他們幫助我完成了整個系列，此刻和我一樣累得不行。我們在一起度過了一些平靜、安寧的時刻。這和沙龍裡面如常的喧鬧景象是截然相反的。

　　此後，我就不再在巴黎流連了。在連續六個月不間斷的工作結束後，我只有一個想法：回到我蒙托魯平靜的家中。平和與安靜是我生活中的必需品。從某種程度說，我是一個工作狂，而從另一個角度來說，我又是一個大懶蟲。我投入

到工作當中的勤勉和細心其實根植於我想要快點兒完成工作的迫切期望。幸運的是，我與生俱來的盡職盡責之心，讓我只有在對我所做的事情完全滿意之後，我才會停下來休息。

　　在新一季開始之後的三或者四天，我就會抽身離去。只有當我真的坐到了火車或者是汽車裡，我才能感到真正的自由。而在我到達蒙魯托的那一刻起，我又覺得需要重新與蒙田大街取得聯繫。每天晚上都有來電告訴我當天發生的事情。於是，我得知國外的買家反應如何，我們最好的顧客買了些什麼。來自主要媒體的簡報也被大聲地朗讀給我聽。他們還向我彙報銷售表的情況。第一個星期以來的情況大致如此：第三天銷售低迷，第五天恢復強勁，第十天銷售情況日漸明朗。通常後面數周的銷售情況也是跟著印證了起初的這些指標。

　　隨著時間的流逝，這些我最初懷著極大的熱情等待的電話開始減少。最後，電話鈴聲戛然而止。這時，我也感受到了這一系列是完全落幕了。

第三部分
時裝公司的祕密

第一章　模特兒

　　模特兒的更衣室或者說化妝間自成一個世界。和劇院裡的更衣室一樣，它有著扶手椅、燈具和鏡子，以及一些同樣華而不實的擺設。

　　這些模特兒，「妙齡女郎」們，滿腦子只有一個想法：怎麼樣可以看上去更漂亮。當然，她們都是美人兒，但總有一些點兒對自己魅力的不自信。一旦化妝完畢，她們就轉向圖克漢女士焦慮地問道：「男爵夫人，我看上去好看嗎？」

　　如果得不到她的肯定，模特兒就會情緒低落。這種頹靡的情緒至少會持續五分鐘，而這五分鐘她們會用來在鏡前重整妝容。在世上別處都見不著像這樣對美的純粹的狂熱崇拜者。在化妝室的女演員會把她們的角色扮演看得和臉上的妝容一樣重要。而模特兒，她們只專注於自己的妝容。

　　長期不守時的模特兒會總會在衝進化妝室的時候，緊張地大叫：「我沒有遲到，對吧！」

　　儘管她們總是遲到，但也總是速度驚人。一眨眼的功夫，她就褪下衣服，穿上白色大袍，端坐在化妝臺前。化妝臺就像教室的桌子一樣一排排開。公司裡的化妝室讓我總覺得是一個學生們要攻讀美麗學位的教室。每張桌子裡都藏著一堆糖果、毛線活、公仔、照片和情書。每個模特兒都有她們自己專屬的化妝臺。比如說，勒妮為了一張面向大門的化

妝臺可以放棄世界上的任何東西。有天晚上，她夢見自己的化妝臺被調換了位置，在淚水漣漣當中醒來。第二天，她一大早就回到化妝室，為的就是確認自己的化妝臺仍在那裡，而且是屬於自己的。所有的模特兒都和勒妮一樣，有著一大堆不可更改的習慣。這是由於她們每天都要在鏡子前面花上好幾個小時，工作強度大所導致的。

　　圖克漢夫人，也被我和我的員工暱稱為圖圖。模特兒總是稱她為男爵夫人。她把模特兒叫做「我的女孩」，而我們喊她們「青春少女」。業務部和工作室的人對她們的稱呼更為正式「模特兒」。

　　她們的小小世界和愛德華時代女合唱團化妝室裡聳人聽聞的畫面並無任何相似之處。並沒有穿著戲服般的斗篷的紳士們等候在化妝間的門外，攙扶著模特兒的手臂，把她們領進金色的馬車裡，帶領她們開啟同樣金燦燦的冒險之旅。如果說有人在等著模特兒的，只有他們的丈夫，而沒有別的什麼人。當她們遲到的時候，他們還會小賭一下打發時間。絕大多數的模特兒都獨自匆匆離開，跳進一輛計程車或者是搭乘地鐵，目的都是為了能夠盡快趕回家裡。有些幸運兒擁有自己的一輛中檔西姆卡牌汽車。

　　公眾總是傾向於想像這些女孩兒們過著一種光芒四射的生活，其實這和真實情況還是有差距的。她們只不過是過著一種適合她們的生活，她們只是嫁給自己想要嫁的人。她們

想要的丈夫不一定是白馬王子或者是身家百萬的銀行家。他只是她喜歡的人，而她是他的愛人、出色的家庭主婦和孩子們的優秀母親。這樣的模範生活占據了一天裡的二十一小時，剩下的三小時，她們就化身為一隻美麗的蝴蝶在工作。通常來說，模特兒在一家服裝公司會待上三到八年的時間不等，為走秀和拍照工作奔波勞碌，然後就離開這一行了。

在說到目前為我工作的這些女孩之前，我想先說說我的前明星模特兒，她們的生活也因此走上了不同的軌跡 ── 她們是塔妮婭、弗朗士、西維爾。我對她們的喜愛，就像皮格馬利翁鍾愛加拉泰亞（皮格馬利翁是希臘神話中的匠人，愛上了自己製作的雕像）一樣。她們能為我的服裝注入生命。我在進行服裝設計的時候，也是想著她們的樣子。她們穿上服裝的那一刻，我才看見樣衣散發出它的全部光芒。我是一個要求很高的人，但是在逐夢的過程，誰又不是一樣的高標準呢？

塔妮婭是我所有模特兒中最具有天賦的人。我第一次見到她，是她到呂西安・勒隆公司來的時候。那時她才十六歲。只消幾天的功夫，她就掌握了模特兒這一行的所有訣竅。在她的第一場彩排，她就已經形成一種完全獨特的風格來展示服裝。另一位在勒隆公司認識的模特兒，普拉琳，她和塔妮婭一樣天賦異稟，她是那種具有模特兒氣質的女人，而不是有女人味的模特兒。你也許猜到她是斯拉夫人，她的

特質成就了她，也成就了她的模特兒氣質。她的魅力，她有點壞的脾氣，她的自我矛盾，她的奢侈放縱，都是典型的斯拉夫人個性。但這些都無法阻止她過自己想要的生活。她在義大利開設了自己的時裝屋，在鮮明的個性下，經歷了無數的高潮和低谷。塔妮婭非常的女性化，她的詭計、無關緊要的小謊、矯情，以及優雅、甜美和忠誠成就了一種女人味。如果在化妝室裡像在歌劇裡一樣有著「首席女歌手」，那麼塔妮婭必定就是這樣的角色。

在我的模特兒裡面，最高的就是弗朗士了。由於她的高挑、纖細和一頭金髮，她完全能夠演繹出我的想法和靈感，穿著誘人的服裝時，看上去特別的曼妙。當我出國做秀的時候，總是給她穿上名為「法國」和「巴黎」的服裝，她總能引發雷動的掌聲和尖叫：「太美了！」

她是典型的法國女人。法國巴黎女人。這總會讓我想到，觀眾們欣賞她的美的時候，也是在欣賞我的祖國。誠實穩重的她，終於也過上了自己想要的生活。幸福地嫁給富有的丈夫之後生活在熱帶的天空下，享受著奢華的生活。

西維爾，在開始走秀的時候，還只是個少女。在她的整個模特兒生涯裡，她總是保持著少女的化身的形象。她總是穿著女孩兒喜歡的簡單、樸素、歡快的款式。她黑髮少女的魅力和小蠻腰總能令這一類的衣服得到完美的演繹。在結婚之後，她就永遠地放棄了模特兒事業，彷彿婚姻的幸福象徵

著少女時代的終結。她曾是多麼全心全意地投入，多麼具有專業的奉獻精神。

　　我應該怎麼樣更好地為你介紹化妝室的情況呢？比方說，現在是五點，發布會已經開過。再過一個小時，模特兒就得應顧客的要求再次為他們展示某一件服裝，所以她們現在在等著。

　　疲憊又瘦弱的奧迪爾坐在化妝桌旁，看上去還是很有距離感，其實是她的高度近視總是讓她顯出一副拒人於千里之外的樣子。她正在思索著怎麼樣為愛吃的丈夫做一頓豐盛的大餐。說凱薩琳比奧迪爾更為纖細的話，大概並不為過，她正在小心翼翼地切著一塊蛋糕，與其他女孩一起分享。

　　「你要是好好的，我就把食譜分享給你。」

　　莉婭，在巴黎保持著慢性子的羅馬尼亞女孩，正在和大家分享自己終於找到了房子的喜悅，以及她第一次在家裡做烤肉的故事。維克多瓦趁著這個時機把栗子蛋糕端了上來，她急切地想要知道大家的意見。大家點評起來，而且想法各異。

　　「如果是我的話，會加上一點香草。」

　　「我覺得得要加上很多的奶油。」

　　現在是下午茶時間，女孩們都像餓壞了的小貓。又一個傳言被證偽了。服裝店裡的化妝室並不歡迎各式各樣的節食方法。真相是一位模特兒在一天幾個小時裡的快速工作節奏

就相當於做著高強度的運動，這些運動量足以讓她們保持好身材。

食物可不是化妝間裡的唯一話題。編織、繪畫、哲學、家務活、電影和戲劇都會被輪番討論。她們並不輕浮，卻也不是含羞答答的人。她們更不會過分拘謹，她們的一些有趣的故事甚至會傳到我的工作室中。

如果有模特兒要結婚，或者是要生寶寶了。化妝室就變身成了作坊，大家忙著為嬰兒製作全套服裝或者是縫製嫁妝，每個人都想要加入到這個家庭的大事裡，我們的公司本質上就是一個大家庭。幾乎在每一季的服裝籌備當中都會發生一兩件這樣的好事。我只能給這位未來媽媽放假，她已經無法適應一件 A 系列或者 H 系列的服裝了，她現在能夠全心投入的是「寶寶」系列。

在經過一天隆重的著裝和化妝之後，女孩們樂於在回家的時候，在簡單的毛線衫和裙子外，披上一件風雨衣或者是毛皮外套。這讓她們得以從聚光燈下的奢華和閃耀當中得到休息。至於模特兒像灰姑娘一樣從公司借來一身服裝，隱瞞身分去參加舞會，這又是另一種大眾想像的虛構故事。模特兒是能夠向公司借她們走秀穿過的非常少量的一些衣服，但是當季正用於走秀的服裝是從來不會外借給她們的。

我把有關模特兒這個職業的不實謠言一個個地粉碎了。然後呢？所有的浪漫都會隨著年月的流逝而逝去嗎？恰恰相

反，我相信每個年齡段都有屬於它自身的浪漫，一種不同的但又有著同樣迷人的浪漫情懷。這些被媒體稱為「時尚大使」的女孩，她們的光彩絲毫不輸前輩。

總有人告訴我，我們公司管理模特兒的方式和別的公司很不一樣。我是認為一個理想的模特兒是天生的，而不是後天的。我親自面試每一個前來應聘的候選人。確實有一些特別學校能讓女孩們在那裡學習怎麼樣走秀、站立和表現自然。但是作為一名模特兒的藝術，就像其他的藝術一樣，並沒有固定的規矩可言。有人也許會形成一個概念，說模特兒必須是又高又瘦的，但是這種沒有人情味的標準並沒有什麼價值。一個模特兒，必須得有她的性格，她的這種個性必須與設計師的創意點子非常和諧地相融合。

每一個服裝公司都需要雇用很多不同類型的女孩，來匹配不同顧客的不同時裝需求。這就意味著高挑的、中等身材的、小個子的模特兒，膚色深的、淺的，非常年輕的、不那麼年輕的模特兒都得要有。儘管存在著多樣性，但是女孩們也得有一個共同的風格，一種像是家族特徵的，能夠體現她們所在的時裝公司特色的東西。

一個女孩想要成為一名模特兒，首先要學會走秀，這可不容易。很多女演員，甚至舞蹈演員，都來見過我，她們都驚詫於自己沒有能被錄用。一個模特兒必須具有一種自然、優雅的步伐和美好的儀態舉止，這些綜合起來就是聽起來很

老土的一個詞：風度。就像那些成功的服裝，天生的模特兒就是透露出一種輕而易舉的機靈。在她們的身上，衣服獲得了生命，並且發揮出最大的功效。但這些努力不是透過造作的裝扮和故作優雅，或者是一種刻意而為的張牙舞爪來吸引注意力。當代的優雅是既簡單又自然。

在我今天所有的模特兒當中，勒妮大概是最接近我的理想的那位。她穿上的每一件衣服看上去都是一件成功的作品。她符合比例地展示出了我所有的想像。她給身上的樣衣完美地賦予了新的形體，以致於大家都不再關注她的臉，而是這件活起來的樣衣。她的整個生命都在沉浸在時裝裡，從容冷靜地展示服裝和她的優雅品味。

模特兒要像女祭司和神祕女郎一樣成功地抓住觀眾的注意力。戲劇表達裡面的「有派頭」常常被濫用，服裝界也一樣。正是因為「有派頭」，我一直在用阿拉。有一天她陪著朋友來應聘替補模特兒。我一見到她，就央求圖克漢夫人要錄用她。讓這樣一位帶有顯著亞洲特質的美人來展示為西方女性設計的衣服是非常的大膽又自相矛盾的。有著東方的神祕魅力的阿拉，其實是半個俄羅斯人。她的身材是全然歐洲的，選擇她所展示的樣衣的女人從來都不會失望。正如我所說的，阿拉是其中的一個天生的模特兒。她屬於那種今天簽約，明天就可以直接去走秀的模特兒。她展示衣服的時候，神情冷漠，但又絲毫沒有壓抑自己斯拉夫的率性。阿拉會說

多國的語言，而不帶任何的口音，彷彿她是在世界各地不同地方長大的一樣。

我沒有見過任何一個模特兒像威克多爾出場時一樣，排山倒海而來的批評聲和讚許聲是同樣的多。她在某一場發布會開始前的一晚來到我的辦公室。所有我的員工都覺得她被錄用的機率最低。她的個頭太矮，最要命的是他們說她根本不知道該怎麼樣走秀。這都是實話。但是儘管她和其他女孩不太一樣，我還是簽下了她。她的那種聖日爾曼德佩區的氣質，又或者說是一種學生的樣子打動了我。我承諾為她打造一到兩件專屬服裝。隨著服裝的修改，以及在她身上的呈現，我發現她正在變成一位明星模特兒。

我站在潮流的大前方，大眾對這種超前的眼光有些難以理解。當他們第一眼看見維多爾克的時候，媒體和我的客人一起發出了反對的聲音。

「你啟用這樣的模特兒真是膽子太大了！這是什麼玩意？這是哪一型？她甚至都沒有一副好身材！」

一些批評家是如此的尖銳以致於宣稱她的出現是對客人的一種侮辱。我簡直是四面受敵。但是當我得知維克多爾心情愉快，並且工作起來也如此的時候，我把準備好的反駁收了回去。當每個人都請求我把她淘汰掉的時候，我安排她參加了第二個系列的發布會。突然之間，她成為了眾人的渴望。每一雙眼睛都被她吸引著。她唯一的「過錯」就是她正

體現著她那個年齡段的年輕，以及她並不是那麼的高挑。人們都說我神祕地改造了她，但實際上是他們的觀點改變了，維克多爾可沒有變。維克多爾有種顯而易見的稜角分明的魅力，從此她開始立於不敗之地。她成為了名模，正如我給她起的這個名字一樣，她就是勝利女神本人。

　　同樣幸運又值得慶祝的是這樣一位優秀的模特兒，不是因為她長得漂亮而選擇了這個職業，而是這個職業讓她努力去變得更漂亮以適應這份工作。她是布列塔尼人，但也許是某些崎嶇的命運使然，她帶有些蒙古人的特徵。有著高顴骨和一雙和她的同胞一樣的丹鳳眼。她對每一件服裝都是高度重視，她會去研究和詮釋一件服裝最細微的差別，她不僅僅是把服裝穿在身上而已，她是在駕馭時裝。

　　我希望我能把旗下的所有模特兒都給大家說說，包括那些裁縫師，他們是我的左膀右臂。他們扮演的角色看上去很被動，但是你要記住，世界上最漂亮的衣裳，如果讓一位不合適的模特兒來穿的話，將會招致徹底的失敗和不可彌補的後果。這個過去曾經低微的職業現在已經變得大受歡迎，父母們都在鼓勵自己的女兒去嘗試，就像是到劇院去考演員一樣。他們的父母甚至來到我這裡來，請求我能夠簽下她們的女兒。在那些女孩子當中，有二十位明顯就不適合這份工作的。似乎所有的父母都不能對自己女兒的樣貌進行正確的判斷。

每年兩次的發布會，會前的一個月，對於這些女孩來說都是一場毅力的考驗。朝十晚八的工作時間，有時候甚至要工作到午夜時分，在此期間她們要保持站立的姿勢。她們幾乎沒有時間去匆忙地吃一頓午餐。這些女孩表現出來的持久力讓我覺得不可思議。她們的耐力似乎是不可摧毀的。

　　正如勒妮曾經說過的：「只有暈倒會讓我們真的停下來。但我覺得我不會這樣。」

　　就這麼堅持著，她們忍耐了所有的困難，在發布會的前夕，都已經到了體力透支的邊緣。裁縫師們忙碌地在服裝上做最後的細微修改。他們都已經忘記了自己是在人類的身體上工作，而不是假模特兒身上。在我看到一個模特兒因為勞累而身體不斷顫動的時候，我必須提醒他們：「快點，讓她去休息一下。」

　　女孩默默無語地向我投來感激的眼神。就在裁縫師們全身心地投入於怎麼樣才能讓服裝更完美的想法當中時，模特兒在想在翌日的發布會上自己怎麼樣才能看上去美麗動人、容光煥發。如果某個飾品在最後一刻的修改要拖延更多的時間，她就會不耐煩地發起抖來。設計室旁邊的休息室變成了宿舍一樣的存在，模特兒就在輕便折疊躺椅上，或者是地板上，睡覺、吃東西、抽菸或者是在等著樣衣的最後修改的時候聊八卦。

　　第二天早上，當圖克漢女士來到更衣室，例行地問道：

「女孩們,一切都還好嗎?」的時候,她們早就準備就緒了。所有前夜勞累的跡象都被神氣地抹去,好像是施了魔法一般。只有幾個小時的睡眠,她們就可以恢復精力,漂亮得像女神一樣。比起平時,她們這時的化妝要更加認真得多。這是一種忘我的狀態,她們為了這些服裝而精心妝扮自己。

在最後時刻,為了呵護他們心愛的服裝,裁縫師又來干預了,他們發出溫和的警告:「不要坐下,你會弄皺它的。」「不要亂動了,你會把褶皺弄亂的。」

聽到這話語,你會了解這些服裝都是經過深思熟慮的作品,是不能隨意移動的。裁縫師們說「我的服裝」,就像中世紀的工匠說「我的傑作」一樣。他們不是為女孩們穿上一件衣服,而是允許一個身體來演繹這件衣服。

服裝師們對於自己負責的兩位模特兒是同樣的呵護。只有他的服裝是最好看的,也只有他的模特兒穿得最好看。

服裝師像是凶猛的看門犬,為了自己模特兒他們甚至會去偷竊。如果他發現自己模特兒的化妝桌上少了一隻耳環、一枚別針、或者是絲帶,他們隨時就從鄰桌那裡偷來替代品。

一旦發布會準備就緒,模特兒為期兩周的辛苦工作就開始了。早上為服裝公司或者是雜誌拍照,下午就是走秀。到了晚上,這些女孩們都累壞了,就會由一些替補模特兒來代替她們把單件衣服展示給買家們看。在這忙亂的兩周過去以

後，模特兒只需要在下午三點的時候打卡上班，把衣服展示給客人們。這樣的安排一直持續到下個系列的六月休假和冬季運動系列之前。

　　一年裡有一兩次，我的服裝系列會到國外去做發布會。正如我所說，模特兒總被稱為「時尚大使」。她們的職業讓她們有機會周遊世界。我的女孩們去過日本、南非、希臘、英格蘭、奧地利、義大利、瑞典、芬蘭和南美。這一出國小組已形成了一種慣例做法，在莫薩布雷女士或者公關部多納蒂女士的帶領下，由八名模特兒、四名服裝師組成。

　　只有勒妮是個例外，她只想待在巴黎，厭惡飛機旅行（我真的很同情她！），所有的女孩都對外出歡呼雀躍。當然這些旅程都不是休閒的度假。準備這樣一個系列的展出，牽涉到大量的準備工作。沉重的工作讓女孩們寧願多睡會也不願意去跳舞了。另外一個關於模特兒的傳言在此也要被粉碎了。人們總是想像模特兒們是被夜店、派對和有錢的仰慕者所圍繞著，她們總是被迫參加飯局。對於圖克漢女士來說，當走完秀以後，她們都只有一個想法 —— 什麼都不要做，除了休息。

　　能讓她們一直保持熱情的是她們對自己特定服裝的關注。這在當時間表做了某些改變，一件服裝被指派給一位替補模特兒時，表現得尤其充分。這件服裝的「主人」總是憤憤不平地抱怨說衣服會被毀了的，胸衣也會被撐壞。這件胸

衣有理由讓人心疼。所有的女孩都把它盡量勒緊，以免發生不堪的意外。這種情況下，圖克汗夫人得確保她找來的替補模特兒和常規模特兒至少是一樣的纖瘦。

　　這些女孩們都有著自己的任性和幻想。在公司裡面，我常被大家詬病說是對她們太縱容了。我聽到大家的低聲私語說「迪奧先生和他那些寶貝模特兒。」

　　業務部總是認為我聘用太多的模特兒，或者是給她們支付太多薪水。裁縫師會說我對她們哪怕是心血來潮的念頭都呵護備至。銷售人員有時會宣稱她們於事無助。我保持沉默。我的模特兒賦予我的時裝以生命，而我只想讓我的服裝保持活力。

第二章　顧客

我已經講述了服裝本身，它們的製作過程，展示它們的模特兒和訂購的專業買家。現在是時候來談談服裝在這一過程中的最後落腳點了：那些穿著它們的女士。

當第一位專業的買家離場的時候，正是第一位私人顧客到來的時候。兩組人的出現也許會有一點交錯，而銷售經理盧林女士帶著她良好的幽默感已經準備就緒。她對她親愛的顧客總是又歡喜又調侃。我該怎麼樣來形容我的顧客呢？正如之前所說，我總是想把自己歸類到一個優秀的工匠這個範疇。作為一個時裝設計師，或者商人也好，首要和最基本的職責就是能夠給予顧客她們想要的東西。她們的要求是無窮盡的，我們要竭盡所能去滿足。我們需要謹記的是她們有權利去這樣要求，儘管看來它會超出我們可以忍耐的範圍。讓我們懷著這樣的理念，去迎接顧客的到來。

當她們到來的時候，整個沙龍為之一變。總是擠滿了人，簡直到了人滿為患的地步（每一季會有 25,000 人來觀看）。這時候這裡不再是一個工作室，而是一個充滿了娛樂感的地方，就像其它的女性聚會一樣，世俗又隨意。在這裡大家都只顧著看，沒有人在聽別人在說什麼。對話圍繞著度假、新上演的戲劇、其它的服裝秀和最新出爐的八卦而展開……一邊說著，一邊專注地挑選服裝。

克雷爾剛剛完成她的婚禮禮服展示，臺下的觀眾就開始嘰嘰喳喳地活躍起來。銷售員趕忙過去跟進他們負責的主顧。

「夫人您現在能拿定主意了嗎？」

不，她會傾向於在幾天後再回來，以一個更為平和的心態，在更衣室裡挑選服裝。她也許不慌不忙地 —— 但其他的五十人可不是。要滿足她們的要求，需要一個奇蹟，一個能夠批量製作服裝的奇蹟。那些大受歡迎的樣衣要能夠立刻被製作出來，就像一朵能夠插在水裡的日本紙質花一樣。所有的需求都在同一時間被提出，在虛榮心作祟的情況下，沒有人能夠耐心等待。任何拖延，都會被顧客視為是一種對個人冒犯的行為。

終於，第一位顧客結帳了，她下定決定買下了這件被眾人追逐著的衣服。有一群女銷售在圍著她，等著從她手上把衣服搶奪過來，拿給自己的顧客。那些顧客總在威脅著要離去，嚷嚷著：「天啊，根本沒有人來招呼我，給我看任何能挑選的衣服。」

更衣室就像處於一場暴風雨當中，一下子爆發，又一下子平息了。在灰色的簾子後面，激動人心的叫嚷聲此起彼伏：「你穿著正合適！簡直是為你度身訂製的。」「天啊，這件衣服搭你的小麥膚色真好看！」

當然，每個女人都想擠進自己看中的衣服裡面，也不去

管把這些衣服穿得好看的模特兒，其實和自己的身形相去甚遠。這時，銷售只能使用神奇的外交手段來勸阻她們了。

「莉婭走秀的時候穿的就是這件……但是這一季顯然她是瘦得有點讓人不舒服了。」

可憐的莉婭，這可是她最佳狀態的時候。

這些因為樣衣而產生的小氣惱、糾紛、甚至是爭吵，所有這些無休止的忙亂只證實了一件事：樣衣供不應求，它們成功了。這可是最讓我感覺愜意的一件事情。

盧林女士的眼睛總是在巡視著四周。她毫不猶豫地掐掉菸頭，去把一樁可能發生的悲劇遏制在萌芽狀態。有四次她要去處理一些事情，而總是半途就忘記要處理的究竟是什麼，因為每一次她都被半路攔截去處理其它情況。有一次當她趕到更衣室，一切便風平浪靜，顧客滿意地在鏡子前面凝視著自己身上的晚禮服。盧林女士的嘴角總是掛著一絲愉悅的微笑，在各個區域穿進穿出。她熟知每一位顧客的名字，同時有著一雙無可匹敵的、一貫精確的眼睛來勘察可能發生的錯誤。

她能在大沙龍掃視一眼就告訴你：「從壁爐數來第三排，第六張椅子上的那位女士，又把他的小裁縫帶來了。這是她第三次這麼做了。真的是太過分了。我要和她談一談。」

在發布會結束，沙龍空無一人的時候，盧林女士比任何人都清楚如何與那些只來看秀而不購買任何服裝的所謂朋友打交道。當他們走下樓梯來的時候，總是會對她說：「你們

的服裝真的是太好看了。」

也有一類人總是當著她的面對她說：「顯而易見，這一季只有晚裝還可以。」對於這種人，她也能夠優雅地應對。

服裝發布會是一場社交活動，聰明的人都想著要參加。在這裡，相聚的朋友們會向彼此袒露祕密。這裡也會發生很多好玩的事情，比如就有人致電給公關部門要求為今晚的時裝秀預訂一張桌子。

但我心意已決，我的時裝秀只為滿足那些想要滿足視覺盛宴的人。我也囑咐銷售人員永遠不要與那些「影子」來訪者糾纏，他們的到來不是為了下訂單。

當我創辦公司的時候，我告訴布薩克先生說，我只想為最時尚、社會最頂層的優雅女人做衣服。我見證著顧客群日漸自然地增長了起來。這些就是我正為之工作的女性，她們會對我的工作訴求給予回應。幸運的是我的工作也是得心應手的輕鬆。

我始終堅持不要走進自己的沙龍裡。不要直接干涉正在運行中的買賣。我很少去看我的顧客們。甚至是我最親密的朋友來到蒙田大街 30 號，他們找到的只是迪奧的公司，而不是我迪奧本人。這樣更好，我們的朋友們能夠自由地決定買或者不買，而無需感到尷尬。

同理，對一個想要離開我們的顧客，我們最好也不要去干預。

「只要她們感到猶豫，我總是建議她們也到別處看看。」盧林女士說，她是沙龍裡的統治者。「看過後失望總比買了後悔強。」

　　離去的顧客在幾周之後也許又會回來，她著迷於一件從同行那裡買來的套裝，但同時也會很高興從我們這裡買到一件雞尾酒晚禮服。又或者她轉了一圈後，失意地回到這裡，向她的銷售員抱怨：「都是你的錯！你應該把我留下來的。」

　　負責更衣室的林策勒女士有著完美的幽默感，無不諷刺地說：「最划算的衣服就是世界上最成功的衣服。她讓穿著它的女人感到幸福，而又不會讓付帳的男士覺得過於昂貴。世界上最昂貴的衣服就是一件失敗的衣服，它讓穿著它的女人生氣，對於付款的男人來說又是一個負擔。此外，購買它的男士總是不得不另買一件更為昂貴的衣服，這樣才能抹去第一次購買的失敗回憶。」

　　總的來說，我們的顧客忠誠度都很高。有時候她們會佯裝心懷二心，以期獲得更快的送貨服務或者更好的價格。

　　有一些由比較極致的女性邏輯引發的小故事讓人覺得哭笑不得。比方說，一位迷人的女士看過了一整系列的黑色套裝之後，流下了傷心的眼淚，在喃喃自語中，也告訴了我們她的決定：「可惜黑禮服在葬禮上太普通了。」

　　另一位女士愁容滿面地看完了整場發布會，好像沒有什麼是她中意的。她一面悲傷地看了盧林女士一眼，一面低聲

地向她的專屬銷售說道：「今年我的丈夫破產了，我只能訂購十件衣服。」

一個「電話」故事能讓公司裡面的每個人都笑出聲來，儘管這是發生在好幾年前的事情了。銷售們總是喜歡拿它來說事。這件事情發生在一個新的，但一點也說不上年輕的顧客身上。她選了好幾件衣服，並且第一次前來試衣。她是一個在巴黎小住的外國人。她住在一間借來的公寓裡。盧林女士讓銷售小心謹慎地去提醒這位顧客需要辦理不可或缺的支付手續。結果幾分鐘之後，售貨員情緒激動地回來。

「夫人，」她慌張地說。「現在可不是讓她付款的時候！這簡直是一場災難。她的『電話線被掐掉了』。」

她說完就匆忙地跑開了。在得知這可怕真相的時刻，盧林女士考慮到所有的服裝都已經準備就緒，製作工作已經完成，那張無法支付的帳單，以及憤怒的公司管理層。如果一位女士無力支付電話費，我們還能從她身上期待些什麼？除了詛咒把這位不速之客推薦而來的「親愛的」，她還怪罪自己太粗心，沒有對客人有更多的了解。她決然地走向更衣室，但她只是更為驚愕了。銷售員並不在那裡，正在協助試衣的助手的樣子好像經過了雷劈一樣。至於這位顧客，她難堪的微笑讓人感覺到了她的尷尬。幾句寒暄之後，盧林女士鼓起勇氣，切入正題：「夫人，我們很抱歉您遇到了麻煩……」

客人臉上的微笑僵住了，但是她一言不發。

「我們能夠怎麼樣處理您的衣服呢？」

客人的笑容看上去更加僵硬了。

在盧林女士正想要以訴諸於法律和正義一類的話語來相威脅的時候，銷售員帶著一名電工急忙地走了進來。原來「被掐掉的電話線」只是她助聽器的電線，在調試衣服的時候被笨拙的剪刀給剪斷了。電工快速地進行了檢查，並把它修好了。隨著助聽器修理妥當，這位客人恢復了自若的神情，重新煥發了自信。盧林女士也不再心急如焚。這位銷售員要對這次誤解事件負責，而完全聽不見盧林女士說話內容的這位顧客顯然是對發生了什麼事情一無所知。

最後，讓我來給大家講一個我最喜愛的關於顧客不忠的故事。她在私生活方面和選衣服一樣都是不甚忠誠。她有兩位愛人，一位為她在法思為她買單，一位在迪奧。她的這兩位愛人和兩家服裝公司一樣彼此並不知道對方的存在。直到有一天，東窗事發。這位女士穿著法思的套裝走進了蒙田大街，手挽著一位並非平時相伴男子的手。在試衣的中途，當她在試穿一條裙子的時候，她發現了自己的失誤，迅速取出筆記本來查看時間日期、姓名地址。然後她幾乎是不假思索地喊了出來：「天啊，我真是蠢材，我以為今天是星期五！」

對於我顧客的故事，無論是殘酷的還是美好的，都要止於此了。首先，我討厭居心不良的是非八卦。第二，我要挑

選出我最喜愛的顧客。去滿足那些名人顧客的需求。儘管這種分類是我最厭惡的。再說了，就像醫生一樣，服裝公司也有義務保護客人的隱私。正如那些銷售對我說的，她們對於顧客是如此的了解：「她們在我們的眼裡簡直就是一絲不掛的。」

讓我放下更衣室灰色的簾子，讓顧客們安靜地試穿吧。

第三章　國內的擴張

在 1946 年的時候我搬到了蒙田大街 30 號。這幢快樂的房子有幾個房間和沙龍的空間，足夠優雅地安置下一家服裝公司和我們這八十五個人。

我們都沒想到業務擴張的需求，首先讓我們徵用了馬廄，然後是它樓上的屋子，接著又擴展到法蘭索瓦一路，蒙田大街 32 號。我對於蒙田大街 30 號的簡潔很滿意，我甚至擔心這裡有點過大了。然而在有了三個工作室，六個更衣室和不同的業務部門以後，我們確實感覺到有點逼仄。我們在這個局促的空間裡的入口位置，還構築出一個十二英尺見方，以一個小圓窗通風的房間。有時候我還挺納悶，盧林女士是怎麼樣做到在這裡和她的兩名助手、各類檔案檔、卡片索引和電話在一起辦公的；那些訪客在這裡是怎麼樣找到容身之處的。

就是在這樣一個小蜂巢裡，我舉辦了第一場的發布會。我還保留著當年的新聞發布稿，是一張影本。當時我著重突出了兩種風格：「花冠」和「數字 8」。它是由長裙、腰部窄緊突出女性輪廓的風格糅合而成，旋即被冠以「新風貌」的稱號。到了秋季，這種趨勢又被進一步加強了。花冠的曲線向外延展，裙子更長，恢復了它為雙腿營造的神祕感。穿上它，女人們在高跟鞋上重新發現了一種舞步，像滑行似的步

伐，強調了服裝的豐盛感覺。

「新風貌」給我帶來了大量的來信。如果一個明星的受歡迎程度是以他所受到的粉絲信件來衡量的，我應該就是一個名人了。成千上萬的信件來自熱情的人們，但也有一些憤怒的聲音在其中。一個洛杉磯的汽修廠廠主來信警告我，下次他到巴黎來的時候會把我「撕成粉碎」。根據他的說法，由於我的過錯，他的妻子穿得像一個南北戰爭期間的填充布娃娃。不少相似的信件都已經在歲月中隨風而逝了。

1948 年春天推出了「之」字系列，它能給身材增添一種繪畫般的動感。到了冬季，這一趨勢隨著「翅膀」系列的推出而得到肯定。這種淡然的風格在年輕人當中大受歡迎。1949 年的開年系列是「立體透視」。新聞稿件占據了四頁紙的篇幅。我用長篇的文字來解釋我的設計理念。

「『立體透視』基於兩個原則：一個是透過口袋和低領來使胸部更醒目和寬人，同時保持肩部的自然曲線；另一個則是保留身體的自然線條，但給予裙子不可缺少的長度和動感。」

一季又一季，新創立的部門幫助我把服裝的細小描繪豐富起來。除了帽子，鞋子和手套等都在實踐中應用起來，推動著時裝屋的發展。接下來那個冬季的「世紀半」系列是基於對衣料內部幾何形狀的尊重的一種剪裁。早前，我就已經提到過衣料紋理的重要性，那一季的服裝正好把這種理念發揮到了極致。

第三部分　時裝公司的祕密

　　與此同時，我的事業開始形成了自己的傳統。出現了
「迪奧紅」，以及在每一系列裡面，「鮑比」這個名字都是賦
予給那個最為成功的訂製套裝。有的服裝被命名為巴黎、紐
約、倫敦、廣場、麗茲以及馬克沁，這些名字反映出我的職
業生涯對這些地方的回憶。

　　信件仍如雪花般紛至遝來。

　　一位芝加哥的護士給我寄來了《芝加哥論壇報》（*Chica-
go Tribune*）上面刊登的晚裝照片，並附上以下尖刻諷刺的言
語：「你創作的服裝看上去就像是從手術室裡搖搖晃晃地走
出來的一個噩夢。它又厚重又畸形，並且缺乏藝術性。你的
服裝都是這樣的嗎？你是不是發誓要把所有的女人都變成小
丑的模樣？」

　　這件衣服簡約，而且很漂亮。我至今不知道怎麼樣冒犯
了她。

　　1950 年的春季系列見證了「垂直線條」風格的成功。透
過胸部的縮窄，對腰部線條的加強，以及明亮如陽光般的色
彩的運用，它激發了女人內在的韻味。同時，我還想延續上
一個系列的風格。透過褶皺和拼縫，我急切地想獲得的服裝
特質得到了強調。這是一種呈現出巴黎製衣是由仙女的手指
所縫製的特質。六個月以後，「垂直線條」風格變成了「斜
線」風格，既莊重又放肆。其他的主題系列也被開發了出
來，例如「活著」和「山谷裡的百合」系列。作為晚禮服，

它們表達了在晚會的氛圍中對奢侈、冷靜、幸福和美麗的渴望。「斜線」風格之後是「橢圓」風格。最後我推出了「龍」系列，這是我最喜歡的系列之一。

現在是 1951 年的秋季，蒙田大街在過去的五年已經發生了深刻的變化。我沒有破壞它原本比例精緻的格局。在第一個小屋子後面建起一座巨大的嶄新的八層樓房，裡面有八間工作室，平行的位置也矗立著另一幢同樣高度的建築，每一層樓的上面都有兩間工作室。管理著計件貨物的部門之前位於法蘭索瓦一路上的房子裡，占據了其中的一層樓，後來搬到了新的附屬建築的封密庭院裡。

弗朗索一路 13 號上的建築那時候是被政府的經濟部所使用。我們費了很大勁才把它要過來。成功地接管了一些房子之後，我們終於不再每天都要穿過那些積滿灰塵的檔案櫥櫃。但是某些辦公室，經受住了我們有計劃的擴張，抵擋了全部的「進攻」。最後，我們的工人組織了一次抗議活動，再加上一位通情達理的內閣官員幫忙協調，我們才取得了完全的勝利。

自此，迪奧香水進駐在二層，儲物室在三層。第四層是一間工作室，負責跟進服裝系列裡面重要的環節。再上面是三層工作室，第七層是一間醫務室和一個社會服務部門。至於精品店，之前只占據了幾個平方英尺，現在真正擴大了。

迪奧公司隨著時間的推移和規模的擴大，開始了海外市

場的拓展。1948 年在紐約開了一家店，與英格蘭、加拿大、古巴、澳洲、智利和墨西哥簽訂了許可經營協議。顯而易見的是我那平和的小事業開始壯大到要把我吞沒了。蓋勒普公司的一項民意投票給我帶來了意想不到的榮譽，讓我名列國際五大最有名望的人士之一。時裝，以你之名，我們獲得的多於所期待的。

1952 年伊始就顯露出了嚴峻的氣氛。這一年鐵幕沉重地落下，印度支那和朝鮮半島燃起戰火，阿拉伯民族主義情緒復甦……「新風貌」的欣快風格和去年俗豔的服裝已經不合時宜。服裝的新內涵要經過周到的考慮。

這就是為什麼我在 1952 年的春天推出了「晚宴」風格，寓意時裝如果有邏輯的話，在嚴冬之後也會迎來溫暖活潑的一季。這個系列的主題服裝是艾森豪夾克和毛衣，顏色介乎米色和灰色之間，同時腰線變得更為寬鬆。這也為「箭頭」風格做了鋪墊，這是和「新風貌」迥然相異的風格。

之前兩季的晚裝，我以音樂家的名字來命名。現在換作以作者的名字來命名。這些名字在工作室引起了一些有趣的對話。比如早上有一個客人為安德列·盧森著迷，但到了下午她致電來告訴我們她還是更喜歡讓·保羅·薩特。保羅·克洛岱爾在晚禮服上加上了一個打結圍巾。法蘭索瓦·莫里亞克只是一件波蕾若外套。

在更衣室，一位模特兒生氣地說道：「小心點！你要壓

壞莫里斯‧羅斯唐了。」克雷爾長期負責新娘禮服，她穿上了博馬舍，為的是向費加羅的婚禮致敬。

我收到了一封抗議的來信。它來自一位老紳士，他憤憤不平地說自己祖父的名字被用到了一件服裝上面，這簡直是胡扯。天曉得是怎麼樣不幸的一個機緣，讓我在字典的深處發掘出這位院士的名字，在那裡他已經帶著一臉絡腮鬍子安然沉睡，並且全然被人遺忘。

當年秋季推出了受到現代科技啟發的「剖面」系列。接下來的春天出現了「鬱金香」系列，特徵是改進了胸部和收窄了臀部。

漸漸地，腰部得到了解放。色彩從印象派的繪畫中得到靈感，有一種雷諾瓦和梵古畫中鮮花地的感覺。

那一年，有一位年輕的美國服裝設計師寫信來挑起競爭，因為我讓美國女性的身材變得醜陋，而他正在竭盡全力進行美化。我的對手，他把我們的兩件服裝的照片並列地在雜誌上刊登出來，這種做法與其說是意在給我帶來傷害，不如說是在幫自己做宣傳。

半年後，我在卡拉卡斯創建了一家分店，發布了「艾菲爾鐵塔」和「圓頂教堂」系列，以巴黎天際線上的風光作為樣衣靈感。我總是想要讓女性的輪廓更富變化性和充滿活力。衣料在女性的肩膀上鮮活了起來，反言之，她的身材在布料之下活力十足。

　　1954 年的春天，我帶來了「山谷裡的百合」系列，靈感來自我的幸運花，這是一個年輕、優雅、簡約的系列，並且統一使用一個色彩：巴黎藍。迪奧公司已經進入了理性時期，慶祝了七歲的生日。它現在已經擁有五座大樓、二十八個工作間，以及超過一千名的員工；在五大洲有著八家獨立公司和十六家聯合子公司。

　　這家與我同名的公司在我的身邊穩健成長，足以讓人滿意。來自澳洲、佛羅里達、德國、義大利和西班牙的信件以及剪報幫我取了五花八門的綽號：瘋子、罪犯、天驕、天才、偉人、帝皇、或者是服裝獨裁者。一位來自德克薩斯的律師寫信來索取一頂加上白色面紗的外國志願軍帽子。一位住在巴黎的女士願意讓出她的房子，舉辦一場「由蒙面公主贊助」的晚會。她還建議道「不如為那些逝去名女人的鬼魂設計服裝。」

　　來自阿爾薩斯的一位一無所有的女子，她說自己沒有故鄉、失去人身保護和勇氣，來信要求能穿上一次迪奧的服裝，好知道天堂的滋味。署名是「一個平生並無過失的可憐的做夢者。」一個英國女人，她是一位魔術師的妻子，想要一件晚禮服，理由是我的職業和他的丈夫有著相似之處。一位義大利的裁縫，代表他所有的同事來信，要求我為在聖天使山建造米迦勒雕像捐款，因為那是所有裁縫的守護神。

　　所有的這些來信，無論是最善良的還是最苛刻的，我都

沒有親自讀過。我的祕書收到這一大摞一大摞的來信，並且被授權不用告知我就可以進行拆閱。正是我的祕書給我準備了以上來信的節要和摘錄。

受到鋪天蓋地的批評和誤解的是「菜豆」系列。我實在記不起它的真實本質和寓意了。它的設計是基於拉長和展平胸部，顯示年輕女子的尖細胸部，類似於著名的楓丹白露畫派裡面的仙女形象。它的風格、純潔、保守和優雅是文藝復興時期特徵，那時正是讓·古戎的雕塑的繁盛時期。我稱之為 H 系列的服裝，是我從 1952 年就開始了的腰部解放的最後一步。

在 H 系列發布後的那個早晨，卡美爾·斯諾就給美國《哈潑時尚》打電話說：「H 系列是一個比『新風貌』更重要的發展。」這個新系列幾乎馬上就被命名為「扁平」系列。但我從未想過設計一個讓人聯想到菜豆的「扁平」系列。即使如此，這個新系列的創意和要點還是被曲解了，我幾乎都沒辦法去阻止。這一次，我收到了一封來自愛達荷州的農夫的憤怒來信：「你用你所謂的天才，成功地把我的妻子都變得不像個人形了。我不要她了，你拿去吧。」

H 系列之後的 A 和 Y 系列，都還是最近發布的作品，從時間上的接近性來說，還無法對其進行討論。在 1956 年的春季，我帶來了「箭頭」系列，加強了之前兩個系列的趨勢。一個系列接著一個系列，這就是我的公司的發展史。

　　現在你已經對我的公司並不陌生了，讓我們一起走進迪奧之家吧。

　　讓我們來到蒙田大街 30 號。走進入口，我們就會在商店的右邊看到鞋子區域，左邊是一個把人引向樓上的廳堂。在夾層有一個接待室，一邊開放著通向更衣室，另一邊，是指向帽子和皮草部的小廳，以及一段短小的樓梯把我們帶到位於法蘭索瓦一路和蒙田大街角落上的精品店。夾層把房子裡所有的區域和銷售區都聯通了起來。位於兩個沙龍，或者說展覽廳旁的這些區域是就是所有公眾可以看到的地方。

　　現在讓我們走上主樓梯。在第二層，在樓梯過渡平臺的一小塊空地過後就是兩個大沙龍和模特兒的更衣室。後者過去曾是一間飯廳，現在已經被水準地分成了兩個空間，為所有模特兒提供了一個壁櫥空間。上面就是我們之前說到的樓廳。更衣室和沙龍透過一個狹窄的走道連接起來，通過這裡，衣服就像發生了神蹟一般，流水般進進出出。

　　讓我們再上幾層階梯，經過我私人祕書的辦公室，以及一個國外分公司工作人員的桌子，直到抵達兩個大房間，這裡就是我們銷售折價樣衣的地方。它就在二樓沙龍的正上方。這裡掛著過去發布的系列服裝，顧客們沒有付帳的訂單服裝和最近一次發布會上沒能完成的樣衣。

　　我們繼續前往第四和頂層吧。這裡是好幾個祕書的辦公室，以及那些為私人顧客仿造出本系列樣衣的匠人們也在這

裡工作。踏上三個階梯，你就來到了核心的商業辦公室，迪奧企業的總經理和巴黎公司的經理都在這裡工作。這些辦公司自開業以來經過多次的搬遷。現在在蒙田大街 32 號的四層，放置有記錄著有每一個顧客名字的銷售圖表、生產控制流程表和每一件樣衣完整資訊的檔案卡。

　　我們打通了一堵牆來連接蒙田大街 30 號和在角落上的 32 號。這樣我們就可以直通法蘭索瓦一路 13 號。穿過精品店工作室，就到了我的地盤，這一層都是我的。這裡就是前文寫到的一件樣衣是怎麼樣從構思到成品的誕生地。接著把左邊的門打開，就是接待室，我的私人辦公室以及一個我可以在一天裡的任何時候都可以隨意休息的房間。在中庭，有兩個更衣室，瑪格麗特夫人在這裡對那些將要給我過目的樣衣先行把關。除此之外就是模特兒的休息室和進出方便的帽子作坊。樓上是兩層工作室，頂層是醫務室。除了可以享受醫療服務之外，我的雇員們還享有鄉間別墅的使用權。這樣一個靜居處，對於一群從來不承認自己有一絲疲憊，總是要強制休息的年輕女孩來說是很有必要的。

　　如果我們沿著法蘭索瓦一路向下行，就會看到給手套和襪子占據了一整層的空間。香水入駐漂亮的主層，這裡裝飾以鑲嵌板和各種裝飾造型。還有另外一個祕密路線，讓我們一起去探索吧。穿過跨越庭院的玻璃牆橋，我們把這座橋叫做嘆息橋，一座八層樓高的建築就在眼前，裡面全是工作工

作間。我們可以從兩條樓梯或者兩個電梯裡選擇其中一種方式走到地下室。這裡有一個小吃部,天花板上的燈飾把它照得明亮。這裡可以容納超過一千人,中午的時候會迎來三撥人用餐。稍後的午後點心是年輕學徒的福利。

我們的旅途臨近尾聲了,你可能不止一次地失去了方向感。但是別氣餒,我也常常如此,猝不及防地就迷失了方向。在這些毗鄰的建築裡、在一重重門和階梯間、在橋上,不斷有人在上上下下地忙碌,讓這裡煥發出服裝事業的生命力。我很高興你陪伴我走了這一程。

在聖卡瑟琳日你真的應該到蒙田大街 30 號來一趟。這是我們這一行的守護神的盛宴,至今仍具有重大的意義。對於我來說,這意義深遠。我會拜訪所有的部門,在每個工作間都會進行講話,我向大家致以誠摯和溫和的愛意,感謝大家與我一起努力,無論他們角色的大小,我們同心協力取得事業的成功。在那一天,我從受到的歡迎、房間裡的裝飾、設置和服裝的創造力裡,感受到了整個公司帶來的衝擊力。聖凱薩琳日是最快樂的一個日子。每個工作室都有自己的樂團,所有的辦公區域在進行著一場接力晚會。

我在蒙田大街 30 號的樓梯底下開設了一家精品店。此舉得到了我親愛的朋友卡門‧柯庫耶拉的幫助,她現在是法蘭索瓦‧巴隆的妻子。克里斯汀‧貝拉爾在裝修上出了不少主意。小屋採用回廊的式樣,用約依印花布來做牆紙,飾以紫

紅色素描畫。卡門常常是花上一整天來布置牆紙，坐在梯子上查看細節，安排素描的擺放，落實貝拉爾對這間口袋大小的小店的裝飾設想。

　　這家精品店在我第一個系列發布的同時開張了。起初，它只是供應一些小玩意兒，比如珠寶、花朵和圍巾，但不久一個更為有雄心的專案開始了。1948 年的夏天，卡門建議這件精品店也應該出售服裝、這些服裝或多或少地追隨服裝系列的主線，在製作的時候更為簡單，不追求那麼的精美。她的建議得到了熱情的回應，「精品店」系列應運而生。剛加盟我們的林策勒女士負責此事，試裝助理伊馮，外加一位助手從旁協助。工作間一角的工作環境說不上舒適，但她們創造了奇蹟。卡門的精品店來客讓狹小的空間水洩不通，得擴張到樓上去。

　　精品店陸續添加了手套、香水、絲襪以及領帶。雖然獨立於服裝業務，它也在眾人關注的目光下成長起來。每一季它都根據當季主系列的精神來重新裝飾。最後它取代了回廊另一端的工作室，建立起自己的工作室和三個工作間，很快它就有了自己的顧客，和樓上的那些客人區分開來。店裡擺滿了各種新奇貨品，禮物櫃檯被擠爆，這裡有給男士的小玩意，甚至有小件家私。這小空間就快要像魔術蛋一樣破裂，觸眼可及一大束各色的手帕。

　　為了獲得法蘭索瓦一路一幢房子一層和二層的使用空

間，我們展開了談判。1955 年六月，精品店在蒙田大街 30 號關張了，第二天在新址盛大開業。這次神奇的大轉移於夜晚，在瑪麗·伊蓮·德·加奈的指揮下進行。卡門在家庭和精品店的兩難選擇當中離開了。維克托·格朗皮埃爾僅用了幾天的時間就打造出一個路易十四世「美好時代」風格的精品店。在店員們忙著搬運貨品的時候，維克托與助手們一整夜都在忙個不停，直到裝修工作最後一道工序完工。裝飾的風格加上 1955 年的設施，一切正合我心意。

當我第二天來到精品店裡的時候，發現前夜這裡還是一大堆的油漆和手腳架，現在就已經是一個精緻有序的精品店了。這裡呈現出一種帶有生命力和能量的氣息，我認為這對於一幢房子來說是至關重要的。我最討厭的就是沒有生氣的華麗房子，這就如同一位美人卻毫無魅力一樣。早上九點半，第一位客人進來買了一件大衣。顯然，她對昨晚發生的大轉移毫無察覺。

我希望走進精品店的女士，在離開之時能夠從頭到腳裝扮一新，甚至能給她的丈夫捎上一份禮物。我看著店裡陳列的服裝，知道我很快就可以實現這個雄心。一切以我的名字命名的貨品都可以在這裡找到：絲襪、手套、香水，精品店的發展與高級訂製時裝屋並駕齊驅。

大家也許不了解，製作一款新的香水及其包裝需要多少下多少功夫和經歷多少煎熬。對它的投入程度，讓我覺得自

己是一名服裝設計師的同時，也是一名香水師。提起我的那些副業，不能不說到由我的朋友羅傑·維維耶主理的鞋店。世界上最美麗的腳穿的應當是迪奧·德爾曼這個牌子的鞋。

在精品店勇於做出種種嘗試之時，我在把第一次去美國的所有印象都彙集和整理出來。我像所有的法國人一樣，被美國人的財富所震驚。浪費在那裡看起來不僅是自然而然的，而且是一種用來被鼓勵炫富的重要手段。我的教養讓我一開始對這種浪費哲學大感吃驚，但不久美國人的創新精神就鼓舞著我繼續在這裡開創自己的事業。

但在我開闢新的領域之前，我得知道這裡情況的一手資訊。在二戰末期，美國不再是一個推崇個人奢侈的社會，而歐洲，儘管遭受了轟炸，卻部分地保留了這個傳統。由於批量生產的發展，美國想要把奢侈的生活方式帶回觸手可及的範圍，這個想法如果不是人人都有的話，起碼也是大多數人的想法。

在 1948 年，我把這一點作為重要的因素納入了思考。我還得考慮到極高的美國關稅。儘管美國宣導國際貿易，但它這麼做只是為了自身的利益，就像是一個孩子只想要贏得遊戲。這種單邊貿易阻止龐大服裝生意的復興，而在巴黎，服裝生意已經讓設計師們和委託商在兩場大戰之間致富了。美國算是一個樂善好施的國家，但是他們誤以為對其他國家的援助就是一種慈善事業，這對於古老國家的自尊來說，無疑

比宣導自由貿易更加痛苦。此舉，依我來看，是一種短視的政策，是一個錯誤。我們自己國家的內閣政府也會給予人政治無能的印象，所以，作為一個法國人，我也許不應該對此說三道四。

話題回到我的服裝事業上來吧：我發現我的巴黎公司有必要保留一個實驗室。這裡的服裝必須是為奢侈的顧客和專業的買家而製作的。如果我想讓那些數量龐大，且並沒有一年到一次巴黎的美國人穿上我的衣服，我就得在紐約開設一家高端時尚的成衣公司。我把公司命名為迪奧·紐約，好讓這裡的樣衣和巴黎母公司的區別開來。至此，我已經打算跨洋去冒險了，在一個海外的土地上開創新的事業。

很多建議書，包括一定數量的同事都建議我在原有的組織框架裡展開工作。但我傾向於盡可能地保持獨立，保持高尚、卓越和傑出的巴黎女裝形象。在美國開一家公司，就和一個真正的美國本土企業一樣要面對同樣的問題和承擔同樣的風險，這也是挺有趣的一面。

為了開展我的新專案，我還得到紐約去兩三次。我得在那裡找到辦公室和員工。簡言之，開創一間公司就得經歷各種磋商和苦活。幸運的是，恩格爾女士，人如其名，如同我的守護天使一樣，適時地出現了。她自此也成為了迪奧·紐約的經理。她是一半俄羅斯、一半瑞典的混血兒，既有斯拉夫人的魅力，又有斯堪地那維亞人的堅毅。她在美國扎根已

久，十分熟悉美國社會，她馬上就明白了我作為一個法國人在這裡遇到的困境。她是把兩個大陸不同思維連接起來的理想橋樑。她的忠誠和熱情完全彌補了很多美國女人都有的偏執和衝動性格，我見過很多這樣的美國女人。她是我所有調查研究工作的有意指導，幫助我融入美國的生活。

在經歷了遲疑和延誤之後，我租下了一塊真正的美國地皮，在第五大道和第七大道的角落，正處紐約市中心。我不能到第七大道去開店，那裡有很多大型的服裝製造商入駐，那裡的成衣市場很成熟，也許會讓新入駐的店感到士氣受挫。但是最棘手的問題仍有待解決：聘請人手和最重要的生產經理，他可是時裝設計師拱門上最重要的一塊拱心石。我能否找到一個合適的人選甚為關鍵，儘管我已經做了大量的諮詢工作，我對美國市場還是知之不多。一旦這個關鍵人物確定了，我就可以著手挑選時裝店經理和兩名銷售人員。在朝氣蓬勃的紐約女孩子裡面挑選出模特兒不是一件難事，儘管她們過度的世故掩蓋住了本有的優雅。我從未想過引進法國的模特兒，她們沒有這裡所追捧的風格，她們的身材比例拿到美國市場來看的話也是不甚適用的。在這些美國女孩子當中，我必須提到瑪貝爾，她是最理想的模特兒。還有瑪麗，她們都是自打紐約公司成立以來就與我一起共事的。在她們身上，我發現了和巴黎模特兒一樣的合作精神和有趣的靈魂。

　　我們的第一步發展走得很受鼓舞，有條不紊。在美國這片土地上，每一家新公司、每一個原創的點子都能夠獲得最熱烈的歡迎和激發起蓬勃的興趣。在這裡，一個項目從創意到實現，跨越直接，是別處難得一見的。美國人知道怎麼樣抓住機會，它慷慨地向你提供成功的所需要的一切條件。如果這條道路走不通，沒有關係，總會有一條跑道在等著你。失敗的時候，你也不會有苦楚的感覺。公平競爭是這裡的商務邏輯。這些創業的因素是歐洲人，尤其是習慣於多疑、小氣和閒扯的法國人，理應感激的。

　　在公司已經建立起牢固的商業基礎後，我轉向我最為關注的地方：室內設計。儘管我的朋友尼古拉·德·甘斯堡不是這方面的專業人士，我還是懇請他幫忙。他的背景讓他足夠有能力去確切實現我想要的裝飾氛圍，同時能夠展現出紐約和巴黎的風采。他人很好，接受了我的請求，我則帶著對企業未來的美好暢想，搭乘返回法國的遊輪。我們估算了一個大概的時間，當裝修妥當之後，我和我的員工們就得著手準備第一個系列了。

　　當我們回到紐約的時候，卻一切還沒有妥當。正如我說所的，美國人一點也不著急。他們好像以遲到為榮，特別是包工頭。由於我們的新址還沒能完工，我們只能再想一個權宜之計。我決定先在六十二街上的小房子裡展開工作，那裡是瑪格麗特女士、布里卡爾女士、雷蒙德女士和我居住的地

方。我把冬季的花園變成了工作室，把兩間繪畫室變成了工作間，餐具室則成了供應部，其中的一間臥室讓給模特兒更衣。我們在房子裡剩下的空間安置好生活。

我們簡直就是在野營。謝天謝地，房東從來沒想過來看我們一眼。她會被眼前的一切給嚇暈的。這裡簡直就是人擠人，有人吃飯有人更衣。我們在裁剪布料的桌子旁邊睡覺。每一腳好像都要踢到成卷的布料。當我們走到餐具室的時候，總是想不起來是來取餐巾的還是布料的。

我們被眼下的場景逗樂了。我們知道這是一個過渡的時期，但是在這兩個半月裡，來了又走的四個傭人並沒能分享我們的這種娛樂精神。他們都呆不久，甚至都來不及給我們一個提前一星期通知的離職通知。第一個離開的是一個無懈可擊的男管家。他擅長調製雞尾酒，但其他方面乏善可陳。房子裡無可名狀的混亂明顯讓他大感不適。當我們交給他吸塵器和一口燉鍋讓他開工時，他就再也忍不住了。他被嚇跑了，離開我們去了一家酒吧，在那裡他才能展露自己的才能。我們請來的男管家的女助理一想到只剩下她一個人來照顧我們，也馬上離開了，甚至都沒有向我們討要薪水。

一個瑞典廚司來接替上任。剛剛擺脫法國的節衣縮食和配給制的我們對於這位斯堪地那維亞大廚充滿了期待，都在想像著他給我們準備的大餐。顯然他高大的維京人身材需要一個更加寬闊的工作空間，在我們過家家一樣狹小的廚房

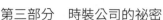

裡，他引發了火災。大火迫使他逃到了街上，他還阻止別人衝進去救火。

接著，我們把希望寄託在兩位年老的愛爾蘭女人身上。至少她們能夠欣賞房子裡和平歡暢的氛圍。起初我們相處融洽，我們四個人甚至整晚地讚頌翡翠島（愛爾蘭島）。但是好景不長，兩位老婦人一起來見我們並遞交了辭呈。房間裡模特兒赤身裸體地更換衣服讓她們的端莊氣質遭到了冒犯。

我們感到孤立無助。這時上天給我們送來了一位法國女士，其時她正在街上尋找一份能夠受人尊重的辦公室工作。她是一個快樂、可信賴的人，煮得一手好菜。她對我們的工作很崇拜，並且對我們照顧得無微不至。除了一頭惹眼的金髮，她簡直就是完美的女僕。她像一塊珍寶，既懂得烹飪，又會打掃，她的工作簡直就是在嬌慣我們，我們也終於能夠有空暇的時間來打理生意了。

接下來，工作間成為了我們焦慮的來源。由於對我們的做法一無所知，我們的美國雇員不能理解為什麼我們要堅持對一件已經完工了的樣衣進行五到六次的彩排。由於秉持只要設計圖紙是好的，成品就是沒問題的觀念，他們認為我們過度重視細節的做法是一種愚蠢和笨拙。在他們看來，只有業餘人士才會這樣細緻地工作。我們對完美的追求看上去絕對是一種不可寬恕的行為。

當我與這件事，以及其他無數要解決的問題作戰的時

候，我發現自己要面對是一個意料之外的大危機。所有的一切似乎在一瞬間分崩離析，多年以後，當我回想起來，仍對此印象深刻。美國看上去是一個自由王國，其實是一個可怕的暴君。

如前所述，為了讓我們的客人不受劣質仿製品所害，在巴黎，我們和買家簽定除非在特定情況下，否則保證不能對樣衣進行複製的合約。這個嘗試保護了藝術生產，保證了高標準的品質，但是顯然，美國比任何其他地方都不能接受這種協議。尤其是在我們籌辦紐約分公司的時候，突然間，我們這些無害的小合約威脅到我們在整個紐約的成功運轉。

我對這裡的律師和法律程序產生了恐懼感。一天早上，我驚駭地收到一個關於反壟斷法聽證會的傳票。我一看到那些穿著制服的人就莫名地生出了罪惡感。在兩名律師的陪同下，我來到法庭，感覺這裡比法國最嚴峻和冷酷的法院要不近人情得多。我接受了超過兩個小時的反覆調查，至今我也沒有想明白這是為了什麼。我感到無助，腦子一團昏亂。我甚至都不用假裝如此。對於財政方面的問題，我無可奉告。我的檢察官很快就察覺到那些針對於我所假設的邪惡陰謀並沒有任何可靠的證據基礎。買家合約宣告無效。這只是加深了我的觀點，在美國，掠奪藝術創意不僅僅是被授權的，實際上更是大為鼓勵的。這個觀點被絕大多數有名望的美國同行所認可。對此，並沒有任何有效的措施能夠加以阻止。

　　儘管一波三折，我們在六十二街上的這個小房子裡還是順利完成了服裝系列的工作，第五大道上店鋪的裝修也接近尾聲。在這一季開始前，我們有幾天的時間來轉移工作間和員工。尼古拉·德·甘斯堡用我喜愛的路易十六風格和我最為喜歡的白色和切雅諾灰為主體裝飾迪奧紐約公司。他還用一抹法國鄉間的風情來取代 1910 間的巴黎風格。

　　開張的日期越來越近了，我開始感受到比在巴黎的時候還要緊張得多的壓力。我面對的是全新的受眾群體。我得忠於自己，又要改變自己以適應嶄新的，數量有限的布料，發布會的時間也被大量壓縮。我焦急地想知道我是否會取得成功。

　　開業的那一天到來了，沙龍裡的氣氛讓我不安。這裡的平靜氣氛和蒙田大街的完全不同，有種讓人洩氣的感覺。紐約的觀眾更為輕鬆，他們盡可能地讓自己感覺舒適。紐約的沙龍就像劇院一樣，充滿了法國標準。每個人都想事先預留一張扶手椅，這樣就不會受到人群擁擠之苦，可以自若地坐在椅子上連頭都不用轉一下。場內的空調會讓身心都避免過於躁動。

　　我們感受到秀場裡的掌聲和在巴黎已經習慣了的那些火力不同。同樣是在巴黎看秀的那群記者到了這裡是完全不一樣的，表現得更為持重，他們在巴黎看我的服裝秀的時候流露出的是一種言溢於表的興奮。只有在看到他們發布了熱情

洋溢的文章之後，我才放下心來。一位紐約雜誌的編輯告訴我，這種冷漠的表情是一種盎格魯‧薩克遜人的現象。

「每個大洲上的人表達自己的喜悅之情都是各不相同的，這不是說哪裡的缺乏深沉或者是誠摯之意。在法國你會大叫出來、親吻你身旁的人來表達你的熱情。在美國，我們也懷有同樣愉快的心情，只是用一種沉默的方式來表達。」

到了現在我已經習慣於這些不同了，時至今日，新公司已經成功地建立，我感到我是一個身處紐約的真正美國設計師，就像我在巴黎感到我是一個法國設計師一樣。漸漸地，我學會了了解美國客人的需求和期盼。夏日，自然是炎熱的，冬天，暖氣充足的地方，簡直就是熱帶一般。衣服不能太薄、太輕或者太清涼了。公寓相對較小，俱樂部和其他公眾場所的夜生活豐富，因此對短款晚禮服和較為正式的晚宴禮服有著巨大的需求。但是最為經典的美國式設計是雞尾酒晚禮服，雞尾酒是美國高雅時髦的卓越象徵。在日間，套裝是絕對必要的一種制服，巴黎人喜愛的著名的小黑裙在這裡鮮有人穿著。

總體來說，除了那些會去法國購買服裝的美國女人，其他的都只關注服裝的整體效果，對服裝的微小細節和修飾並不太看重。她們會被款式多樣、能夠頻繁更換的服裝所吸引。也是因為這個原因，街上的店鋪沒有緊閉的大門，比起那些歐洲奢侈品牌的商鋪更加輕快。加之生活水準的提高，

讓有閒一族和工薪階層的差距縮小。在巴黎，凱迪拉克會是一輛惹人注目的汽車，而在紐約，只是淹沒在一眾同樣奢侈品牌的轎車裡而不會引人側目，車主極有可能是一位辦公室文員，甚至是電梯工。同理，奢侈品類的服裝在這裡出現，不會像在法國看到的那樣產生與眾不同、極盡奢華的效應。

　　既然我們已經跨越了大西洋，就讓我們從一個美洲前往另一個。迪奧・卡拉卡斯是巴黎公司的迷你複製品。由於拉丁人的血統，我們在這裡倍感親切。我在卡拉卡斯停留的這段時間，充滿異域風情的鄉村、繁榮蓬勃的大自然與人們、品味和富饒得到充分的展示。我感到自己從未遠離故土。當因緣際會，你有機會離開家鄉的時候，能夠發現一個地方和家鄉有著一樣的特質，儘管也帶有故鄉的不足，還是讓人感覺欣慰。

　　這是最後的旅程了，然後我回到了巴黎。當人從新世界回來，會發現歐洲內部的這些差別其實很小。所以在倫敦開的分公司，接下來我會談到它，我感覺它不是一家外國公司。

第四章　時裝公司的內幕

也許因為倫敦公司是最新近開設的一家，所以比起其他的分公司，我投入了更多的時間。我被這項嶄新的事業吸引著，它有著自己獨特的魅力。部分是因為這是在英格蘭。我在二十一歲的時候就已經發現了它的魅力所在。

1926 年，我應徵入伍的時間快到來了。我說服我的父母讓我在英國呆一段時間，學習英語，在參軍前的幾個月，我想享受一下這個如此吸引我的國家。

也許是因為那年我才二十一歲，也許是因為這是我第一次獲得如此的自由，也許是因為我感到自己離家足夠遠能夠獨立生活，卻也足夠近，能在需要的時候請求幫助。又或者是僅僅因為那一年的倫敦比任何時候都要美麗？不管真相是什麼，我珍視這一段難忘的旅程。

一個人年輕時候的美好回憶是雋永的。之後，我到英格蘭去的每一次都帶給我和第一次旅行一樣的幸福感和個人自由感。我喜歡回到那些被生動回憶縈繞的國家。現在，我是一名服裝設計師，能夠為英國女人做衣裳，我感到特別的快樂。我認為她們是世界上最美麗和獨一無二的。一個英國美女，是要比世界上任何國家的美女都要美麗。我喜歡英國人，不僅是她們穿著花呢套裝的時候，沒有比這更合適她們的了。自打蓋恩斯·伯勒時期以來，她們就穿著的微妙著色

的飄逸長裙也是非常好看。

英國的時裝界也是熟悉我的。在英國開設分公司之前，在倫敦，我已經有幸展示過我的法國服裝系列。在 1947 年，我發布第二個巴黎系列的時候，桃莉絲·蘭利·莫爾夫人剛在倫敦開設了一家服裝博物館，並在薩沃伊酒店舉辦了相關的奢華展覽。展覽在週五進行，第二天我和我的員工們就為將要發生的事情激動不已。在法國駐英大使夫人馬西利夫人的好意安排下，我們能夠為英國女王陛下（如今已經是太后了）、瑪格麗特王妃、肯特郡公爵夫人以及她的妹妹、南斯拉夫的奧爾加王妃殿下做私人的服裝展示。這些女士們滿是好奇地想要看看她們聽聞已久的「新風貌」服裝。

無論是員警還是媒體對此都一無所知，我們必須小心行事，不能引起任何注意。巨大晚禮服以及它蓬鬆的裙邊被嚴嚴實實地掩蓋起來，從薩沃伊酒店的員工通道悄悄運送出去。整個過程只有布料摩擦出來的嘶啞沙沙聲和不斷發出的急促的、要求安靜的「噓」聲。最終，我們所有人，模特兒、員工和服裝都到達了精美的大使館，馬西利夫人為此還進行了大量的美化裝飾工作。為了適應不同的臺階高度，我們在這裡進行了最後一次又混亂又慌亂的彩排。所有的模特兒都被臨時培訓皇家禮儀，同時還有其他嚴格的禮節，而這些又都要和整個走秀相調和。

我被告知在時裝秀結束之後，女王會親切地與我進行短

暫的交談。我不得不說，不論法國人嘴上說什麼，他們心裡都是狂熱的保皇派。我當然也是。與女王面對面的時候，我馬上就被她的優雅所迷倒，我對此毫無防備，她散發出一種優雅親切的光芒。她身穿淡紫色禮服，頭戴垂褶帽子，這一身換在別人身上都是不可想像的，但在女王身上非常好看，並且展示出女王的優勢。我們每一個人都從她的微笑裡感受到溫暖和魅力。

除了女王還有瑪格麗特王妃，她那個時候是狂熱的皇族粉絲追捧的焦點。人們喜歡她是有理由的，她真的是一個精靈般的王妃，精緻、優雅和美麗。我聽說她非常的機智聰明，但是由於當時她泰然自若的神情和皇家禮節的約束，我並沒有機會去了解她。不久，她來到巴黎，大駕光臨我們的沙龍，我發現她對時尚有著熱切的興趣，並且和其他女人不一樣，她清楚知道怎麼樣的風格適合她高挑又纖巧美麗的身材。

說回剛才提到的法國大使館的這次小型服裝展示會，可以想到，在完結之後，我們在回薩沃伊酒店的路上時，每個人都感覺像在雲端一樣輕飄飄的。

就在當天下午，皇家御用裁縫諾曼‧哈特奈爾在酒店會見了我。他在前一天就看過了展覽，並且告訴我，我的服裝是如此的美麗，他覺得值得在女王陛下的面前再展示一下。這種情況真是微妙，我該怎麼告訴他女王剛剛已經看過了。

幸運的是，由於他有著極端良好的教養，這件事情就這麼過去了，而沒有留下任何尷尬回憶。

晚上我心情愉快地參加了一個向法國時裝致敬的晚會。晚會由英國最重要的時裝設計師，頂尖的前十名設計師舉辦。

對於英格蘭的第二段閃閃發光的回憶還是和瑪格麗特王妃有關。那是在 1954 年，她出席一場我在布萊尼姆宮的時裝秀，這場活動由瑪律伯勒公爵夫人主辦，為紅十字會募捐的。

被挑選參加布萊尼姆宮之旅的模特兒在時裝秀前的一晚，在圖克漢女士和公關部人員的陪伴下抵達。我和勒妮，因為她那出名的飛機恐懼症，選擇坐船前往。模特兒們在宮殿裡進餐，然後被安置到公爵夫人附近或者是伍德斯托克的酒店入住。

在我第二天抵達的時候，我的第一思緒和時裝無關，我完全被這恢弘壯觀的布萊尼姆宮所吸引，迷人的公園裡面湖水如鏡，樹上滿是紅葉。這座宮殿是安妮女王為瑪律勒公爵所建，以表彰他在英法戰爭中的勝利。當看見英國和法國的國旗在這下午宮殿的風中一起飄蕩時，我暗地裡向公爵大人道歉，在這樣一個地方將豎立起法國時裝的勝利標誌。我隨時都期待著他憤怒的靈魂加入到模特兒的走秀當中。

可憐的女孩們感到前所未有的緊張，她們得穿過十四個

沙龍走秀，那裡都掛滿了慶祝擊敗法國的壁毯。她們慣於在法國沙龍的小空間裡面走秀，要在長達數英里的房間裡，在兩千名觀眾面前走秀還是有點難於適應，何況期間在王妃面前還得注意皇家禮儀的規範。

　　這場布萊尼姆宮服裝秀是我親自參加的為數不多的大秀，在好幾季服裝秀過去後，除了當日華美的布置之外，我對一切記憶猶新。結束之後，我和我的模特兒被一群紅十字會的護士包圍，硬是合影了不少。我成為了英國紅十字會的榮譽會員，這是由瑪格麗特王妃簽發的卷軸證明的。

　　我後來才知道，時裝秀雖然結束了，但是模特兒們餘興未盡。我是累壞了，在結束後登船回到巴黎，模特兒們留在布萊尼姆宮晚餐，並且參加由公爵夫人舉辦的舞會。午夜過後才出發去倫敦。然而由於在布萊尼姆宮的一些混亂和到達倫敦的時間太晚了，她們的行李被弄亂了。大家胡亂拿著各自的梳妝盒和小旅行袋。由於她們住在倫敦的不同酒店裡，所以是夜無人能眠，大家都在瘋狂驅車前往另一個酒店取回自己的物品，收拾爛攤子。莉婭奔潰大哭，圖克漢夫人掙扎著想要給大家鼓舞士氣而徒勞無功。她要帶著這支隊伍在早上六點出發，而現在幾乎已經到了這個時間了。她們還得參加下午在蒙田大街舉行的時裝發布會。

　　正是在這一時期，我萌生了在倫敦建立分公司的念頭。我的好友西蒙妮和謝賴格・米爾曼幫助我實施計畫。第一次

發布會完全符合我的預期，媒體的熱切反應也讓我備受感動。在所有參與的英國記者裡面，我要特別提起艾利斯・阿什利，她知道怎麼樣在那麼多無聊的見解中寫出真知灼見的文章。在迪奧我們總是為她的出席做特別的記錄，並且熱切地期待她對我們最新系列的看法和意見。

在英國分公司建立以後，在把法國的服裝帶到英國的這件事上，我還有一個美好的記憶。「法國之友」是二戰期間在格拉斯哥建立的組織，他們幫助從布列斯特撤離到那裡的法國海軍。「法國之友」的主席英弗克萊德男爵和榮譽祕書長 E・J・瓦舍先生邀請我帶著我的模特兒參加一場慈善晚宴。其實是有兩場晚宴，一場在格拉斯哥的中央飯店，一場在葛蘭伊格爾斯。到場嘉賓都規格很高。法國的新任大使肖韋爾及其夫人，普羅沃斯特男爵及其夫人，以及所有的蘇格蘭貴族，包括巴克勒公爵夫人。晚會主持人在介紹來賓的時候總要說出一長串的頭銜：「普羅沃斯特男爵……閣下……大人……諸位大人……先生們女士們……」

時裝秀後的節目讓我這雙法國的眼睛感受到出乎意料的反差，女孩們穿著精美的晚禮服魚貫走秀，其後跟著一群穿著蘇格蘭短裙，跳著蘇格蘭里爾舞的蘇格蘭男士。看上去是很美妙，但在這些奔放的舞步下，我們腳下的地板都顫動起來，不由得擔心它會倒塌掉。察覺到我們臉上的驚恐表情，普羅沃斯特男爵告訴我們地板就是這樣設計的，為的是給里

爾舞帶來更多的動感。

　　我在蘇格蘭逗留了一陣子。此前，由於聽說過很多關於它的美麗風景，我擔心自己會不會有所失望。我的擔心真是多餘，這裡的城堡和曠野的景色之美都大大超出了我的預期。

　　我又一次回到巴黎。請允許我在此刻讓這位服裝設計師迪奧先行退出。他已經絮絮叨叨地說了很多他的職業生活，甚至有些囉嗦了。現在，他要做最後一件危險又大膽的事情了：他會談談他自己。

第四部分
我的人生經歷

第一章 年少的我

在這本書的開篇我就已經告知那些想窺看私人親密情誼，或者醜聞軼事，總而言之，愛說閒話的人想從我的故事裡面獲得談資，恐怕將不能如願。一個服裝事業的開創和成功，以及它們背後的故事，儘管充斥著各種流言蜚語，但知道實情的人還是少數。我的旅行以及開拓法國的時裝疆域……只有這些題材才能讓我放下剪刀，拿起筆來。

我已經給大家介紹過迪奧公司了，我還得給你們介紹一下我自己。不管多麼猶豫都好，讓我來說說這第二個迪奧吧。自我描述並非易事。每個人恐怕都不能真實地認識自己。也許讓你了解我性格的最簡單辦法，就是帶你一起到我童年以來住過的不同房子去看看。雖然這樣也會讓你們發現我在室內裝飾和建築方面的不足之處，這也是我最初的職業，但我敢肯定這種嘗試無異於給大家展示一本間接的自我傳記，它會向大家透露更多我的生活，比平鋪直敘要好得多了。一個人很大程度上來說就是它周邊環境的產物。

我們的家在格蘭維爾，和上個世紀末所有盎格魯‧諾曼式的建築一樣，看上去是極其醜陋的。當我回看老房子的時候，總是夾雜著溫馨和驚奇之情。某種程度上來說，我的整個生命都是被它的建築和環境所影響的。

我的父母作為新婚夫婦，在我出生後的一兩年把這幢房

子買了下來。它矗立在一大片空地上懸崖的頂端（那時候，這個建築完好的房子已經被廢棄），現在這裡已經是一個面向公眾開放的公園。這裡長滿了樹苗，和我一樣，在海風和浪潮當中成長。這可不是比喻，這座房子就正正懸掛在大海的上方，從家裡大門的縫隙就可以看到海洋。面對不穩定氣流帶來的天氣變化，這幢房子無法設防，就像是對我未來生活的一種寓言。

在我孩童時期的眼裡，這一片兩英尺高的松樹林是一片原始森林。至今，它也沒有失去它的意義，現在它們應該長得高大挺拔，能遮陽護蔭了。但是把花園圍起來的牆還是不夠，它們就像父母的關愛，能夠保護我們抵擋風暴來襲。

我的父親擁有一個肥料和化工工廠。這是我的高祖父在1832 年創辦的，他是第一批從智利進口鳥糞的歐洲人。我們全家都是諾曼第人，除了我母親。她也是家裡唯一一個瘦體型的人，我們一家人都很能吃，只有她胃口不大。格蘭維爾鎮距離這裡有半英里，這裡一年裡有九個月的時間風平浪靜，夏季的三個月是巴黎人時髦的度假鄉下。那時的旅行者還沒有現在這種的野營和露宿設施。格蘭維爾像所有的諾曼第海邊小鎮一樣，每年都有著前來度假的忠實遊客。年輕人的跳舞課、可以下棋和欣賞音樂的賭場、鮮花展，吸引著巴黎人每年拖著行李箱，帶著孩子和僕人直奔海邊，遵循那歷史悠久的生活方式。

其它的九個月，我們的房子就像一座孤島一樣與世隔絕，遠離城鎮的商業氣息，看不見任何人。我喜歡這種獨處。我從母親那裡繼承了對鮮花的熱愛，我最幸福的時刻就是在植物中和花床裡。這種愛好也影響了我的閱讀偏好，除了童年時期印象深刻的幾本書之外，我最愉快的閱讀，就是在維爾莫蘭和安德魯商行裡默讀並記住那些目錄冊裡花朵的名字和介紹。

童年時期的枕邊讀物，我記得最清楚的是古斯塔夫·多雷插畫的《佩羅童話》，和一本非常現代的帶有圖片的故事書。我為這些圖片興奮不已，這和之後我看到《海底兩萬里》中鸚鵡螺號上主船艙的圖片時是一樣的。我覺得這就是奢華和美的極致。我是一個乖孩子，有教養，父母對我也是嚴加看管。面對喧囂世事，我並不太能適應。

在書的開頭，我就告訴大家我是一個戀家的人。儘管如此，我也還是能離家去參加派對，並且樂不思蜀。我對於那些閃光的、精美的、用花裝飾的和輕巧的東西非常喜歡，能夠玩上幾個小時。從大海深處回來的漁民或者是一艘給家裡倉庫帶來鳥糞的三桅船也是令人興奮的事情，但是我卻不感興趣。我到父親的廠裡參觀過幾次，印象糟透了。我想我對機器的恐懼和下定決心不在辦公室或者任何類似的場所工作的念頭，就是打那時候起深植於內心的。

我童年時候的房子是一種粗燥又柔和的粉色，混有灰色

的礫石。這兩種色調一直是我最喜歡的服裝顏色。由於我母親喜愛綠植，她在房子前面打造了一座 19 世紀鐵藝風格的花房，儘管它看上去和房子並不協調。多年以後，我離家去巴黎後的第一個願望就是找到一個帶有花房的房子。

房子的正門進去就是門廳，通向長長的階梯。整個空間用仿松裝飾，以竹子花邊加以襯托。每個門的上方是以同樣的竹子和麥稈做成的挑簷。整個樓體都以日本風格的繪畫做裝飾。葛飾北齋和喜多川的畫就是我的西斯廷教堂上的壁畫。我會數小時地凝視它們，最後坐在某個帶有異國情調的、燙花皮革的腳凳上，好像我也能撥動畫中的珠簾，感受那輕微的響動。每當我從這些所謂的座位上起身時，都會覺得疼痛，它們根本就不是用來坐的。

這種長時間發呆的結果，讓我後來對日本風格的藝術品情有獨鍾。我至今仍喜愛那些刺繡著美妙花鳥圖案的漂亮絲綢，把它們都運用到了我的設計裡。

客廳的裝飾是路易十五風格的，帶有一些不和諧的現代點綴。真品和贗品相安無事地交雜在一起。帶有鍍金格子玻璃門的櫥櫃，就像今天在拍賣會上看到的那種，小時候引發我無盡的好奇。在櫥窗之後，擺滿了大概是從薩克森買來的有著炫目外表的侯爵夫人和牧羊女形象的玩偶，裙邊飾以玫瑰花和蕾絲。還有色彩繽紛的威尼斯玻璃杯，總是會散發出某種新奇光芒的糖果盒子，以及數不清的各種扇子。壁爐臺上的花瓶裡擠

滿了羽毛撣子（我現在還是那麼的喜歡）以及緞花。

　　起居室更為舒適，以自祖輩時代起就有的第二帝國時代風格來裝飾。牆上貼的是黃色莫爾牆紙，我很慶幸後來還能找到，來裝飾我巴黎的房子。我對父親的書房充滿了宗教般的敬畏。書房裡面有一個白鑞制的文藝復興時期的牆鐘，裝飾以戟兵，在我看起來這傢伙強大得可怕。屋裡還有一個黑人面具，看上去就想要把我吞吃了一樣。牆上還掛著魯瓦貝的版畫，有著蜷曲八字鬍、凶神惡煞的火槍手，讓我的恐懼達到了頂點。儘管父親是一個溫柔可親的人，但我走進他的書房的時候無不戰戰兢兢的。我到書房來不是因為父親因為一些小事叫我，就是對書房裡的電話好奇，當時它還是一個未讓人厭煩的新發明。

　　讓我害怕的還有餐廳裡的亨利二世風格，尤其那紅黃的彩色玻璃窗，雖然我後來學會了欣賞它們。畢竟這裡是餐廳，我打小就喜愛美食。這裡也帶有我喜愛的《佩羅童話》的裝飾風格。餐具櫃及碗櫃上面畫著互相追逐的獅子和其他動物。一扇高高的窗玻璃上畫著文藝復興時期裝扮的年輕漂亮女子在向下微笑。然而隨著時間的流逝，我的喜好也有所改變。現在我對盧瓦河城堡風格的傢俱甚為抵觸，我也很難接受文藝復興風格的傢俱擺設。

　　我自己的房間裡，我最喜歡的是天花板正中圓形的天頂，那裡掛著一盞彩色玻璃吊燈，在我從麻疹和水痘中康復

的時候，看著這些閃爍的彩燈，倍感治癒。我的房間不遠處就是遊樂室，那裡有一個深色大櫥櫃，我哥哥去那裡要比我多得多。有一個地方我比任何人都更喜愛，也許這就是命運？那就是縫紉室。我喜歡在那裡聽女僕和裁縫們給我講的童話故事，唱著《市郊的燕子》和瑟蘭的搖籃曲。黃昏臨近，夜幕降臨的時候，我就在那裡逗留不願離開。忘記了課本和我的哥哥，聚精會神地看著她們圍著油燈嫻熟地做著針線活。這種幸福、悠閒的鄉村生活在我五歲那年戛然而止，我的父母突然決定帶著我搬到巴黎去。從那時起，那些童年時代的暴風雨來襲的夜晚、霧色中的喇叭、墓地鐘聲甚至是諾曼第的細雨都成為了我日後的鄉愁。

每年我們都要去巴黎探訪祖父母。這些探訪給我留下了神奇的印象，其中有發現電燈的新奇、在劇院看到的悲劇呼語、《魔鬼的藥丸》和《環遊地球八十天》，以及迪法耶爾放映的電影。

那時候我才五歲，是一個發現和感知一切的美好年紀，而不用被「理性時代」的邏輯所壓抑。感謝上天，讓我在美麗歐洲的最後時期在巴黎住上了好幾年。這成為了我生命中的印記。我記憶中的這個時期充滿了幸福、蓬勃的朝氣與和平，在這種環境下所有的東西都被賦予了生活的藝術。社會上整體的無憂無慮氛圍讓人感覺任何巨變都不會打擾這裡的生活，無論窮富。對於每個人來說，未來只會越來越舒適。

不論後來的生活賜予了我什麼好事，再也沒有任何回憶能夠
超越那個時期的甜美寧靜。

　　為了去巴黎，我們要在第一批最早的標緻轎車裡度過一
晚噩夢般的行程。這輛車真的很大，不只是在我年幼的眼
裡，現在看來也是巨大的。車裡有四排座椅和折疊座位，坐
下我們十個人：四個小孩，我父母，我的祖母，還有一位家
庭女教師、保姆和一位工人，我們喊他「機械師」。我們被
煙塵包圍，臉上都披著面紗，女士們戴著累贅的羽毛帽子。
男孩們戴著勁頭十足的水手帽。車頂上的銅架擺放著一排排
沉重的行李箱和備用胎。在數不清的顛簸和故障中，我們在
抵達查理德·瓦格納大街（1914 年後更名為阿伯裡克·馬格
納大街。我認為這簡直糟透了）的時候，都歡呼起來。

　　我們的新房子滿是格蘭維爾的日式藝術品，這都是世博
會上買來的紀念品。房子以十八世紀的風格來展示其現代
性。就是在那個時候，我發現並且沉迷於路易十四的帕西風
格。那些白色釉面、細倒角的門嵌板、荷葉邊的窗櫺、流蘇
網窗簾、根據房間的豪華程度，用印花棉布或者是錦緞裝飾
的牆面。期間點綴的洛可可式花朵讓人誤以為是「蓬巴杜」
風格，其實是「維亞爾」風格。整個房子被郁金花形狀的照
明設備照亮。路易十六風格的燭臺上，火焰模塑在磨砂玻璃
中。這讓整個房間更加的親切溫暖。整體風格並沒有因為樸
素而受到影響。從我五樓的臥室裡看出去，一邊是米埃特公

園的樹林（後來這裡變成了亨利‧羅泰西爾德酒店）。另一邊，在街道的盡頭是一座巨大迷人的哥特式房子，現在已經被拆掉了。

在近處還有一幢房子把我迷住了。我無法理解它的真意。它過於狹窄的門前上方的石柱陽臺讓我覺得好奇不已。四十年後，我終於能夠解開其中的謎團。因為我成為了房子的主人。然而更加神奇的建築還在不遠處。在奧克塔夫弗耶路上有一座真正的 1910 年的清真寺。它有著藍色和金色的釉面玻璃頂。由於荒謬的城市規劃，它後來被拆掉了。它是巴黎代表波斯風格的顯著標誌。那個俄羅斯芭蕾搭乘火車把波斯時裝風格帶到巴黎的時期，伊里巴風尚大行其道，人人都在談論尼金斯基，談論莎布里揚侯爵夫人辦的波斯晚會、褲裝、窄底裙以及探戈。路易十六風格風光不再，或者說它已經被莎拉嘉德（莎拉嘉德是《天方夜譚》裡講故事的那個人）的墊子給悶死了。

1914 年發生了著名的日蝕和壞兆頭的醜聞。騎紅色摩托的博諾幫會開啟了幫派風尚。我開始暗地裡讀《方湯瑪斯》和《紳士大盜》。作為一位格爾森學校品行良好的學生，儘管有些老師會因為我總是用教科書來遮蓋數不清的、上面畫著蹬著高跟鞋的女人大腿草圖而感到惱火，我也還是很少受到差評。

在我們到格蘭維爾度假的時候，戰爭到來讓我們舉足無

措。先是，我們的德國籍女教師不肯離開，她和每一個人一樣相信災難不會降臨。在戰爭爆發的時候，她已經和我們完全像家人一樣生活在一起了。面對我們的驚恐，她宣稱，在必要的情況下，會對法國士兵砰砰開槍。很快，關於難民的故事出現了，還有其它沒那麼險惡的故事。戰時我們都還太小，在這個時期確實出現過魔鬼一般的人。我們還上一些簡易的課程，可是教育卻失常了，有些老師也敗壞了。

那段時期，女人們忙著製作繃帶、在醫院幫忙、從前線收取信件、為她們親愛的受傷的人進行治療；無暇顧及我們。當她們看到一本從巴黎來的時尚雜誌上說巴黎女人都穿著短裙和飛行員長筒靴，上身是黑色、格子呢或者銅褐色的上衣，花邊及膝的時候，都極為震驚。她們嘴上一致無異議地說著這怎麼行，可在行動上，就在這同一天，每個人都急著透過夜間的郵政服務，從巴黎預定靴子和短裙。那個時代的人在戰爭中已經把所有的價值觀都一掃而光，顯示出了不加注意的輕浮舉動。就好像這是一場不存在的戰爭一樣。後來，儘管貝爾莎大炮打到了巴黎，人們卻忙於學唱《蒂珀雷之歌》和 Ｙ·Ｍ·Ｃ·Ａ。凡爾登一片恐怖狀，而後方的人們只顧豎起耳朵來聽兩步舞、獨步舞和狐步舞的拍子節奏。然而，所有的這些都是外在表現，在這樣一個苦難的時期，以上都是鼓舞士氣的一種辦法。

在戰爭裡，我的家和學校都經歷了巨大的變遷。這一部

分就讓我們跳過吧，讓我們來到 1919 年，看看我們在更為穩定的新家。它坐落在亨利馬丹街附近，是一家十八世紀裝潢風格的公寓。有人會誤以為這是一幢古建，其實只是十九世紀的仿古建築而已。

　　戰後時期是一個煥然一新的時代，對每個人都意味著一個新開始，包括我們這些十五歲的少年。這個時代和我們不謀而合。正常來說，我應該要到坦能堡學校去學習，為考試做準備。但是那時候，和我的朋友一起，我受到音樂、文學、繪畫和所有藝術上新潮流的表現所影響。只有隨波逐流，才能參與到一次驚喜的晚會、看到一處隱祕的風景，做一些這個年齡要做的蠢事。那些通宵達旦的夜晚、有黑人音樂、酩酊但不大醉，還有著祕密的戀情和嚴肅的友誼。我探索新巴黎的每一個角落，她充滿智慧、創造力和大都會的魅力，揮霍著各種新潮創意，湧現各種新鮮事物。我常去博蒂路的幾家畫店，很快就更多地往左岸的畫廊去，像讓娜・布赫畫的小房子原始立體派和立體畫派畫的漂亮的苦行修女。現代藝術仍然帶有一些黑彌撒的元素。然而黑色正當時。在戰爭的影響下，哀悼和燈火管制加上嚴肅的氣氛，房屋取下了綠色和金色的窗簾，紫色和橘色的燈。和東方狂歡相關的色彩被褪去，1910 年短暫時興過的白色路易十六風格已經落幕。

　　杜南塗料、魯爾曼的桌子、柯洛曼德爾的窗簾仍在奢華酒店、舞會現場和像斯皮內利或費爾南德・卡巴內爾這樣的

舞臺藝術家的公寓裡面保持著華貴的姿態。但是勒科比西耶和皮埃爾·查理奧引領的激進變革，就像聖茹斯特和羅伯斯庇爾的清洗一樣，清除了一切裝飾。所有的東西，無論是建築、家居還是衣服，都得有它的功能性。1920 到 1930 年的十年間，社會是富裕的，但展現奢侈仍然十分節制，只是用了混凝土水泥和漆器木材。香奈兒推出了針織布料和粗呢花布料的服裝，勒布帶來不加修飾的氈帽。與實用藝術的理性主義相反的是，美學藝術、繪畫、詩歌和音樂沒有沿襲這種變革。勃納爾、維亞德、拉威爾和德彪西看上去都缺乏形式之美，有點落伍的感覺。新的大神是馬蒂斯、畢卡索、布拉克、斯特拉文斯基、勳伯格等人。達達主義把語言從精準意義的專橫裡面解放出來。讓·科克托用他的放映機照耀先鋒派的探索之路。

「屋頂上的公牛」這家酒吧成為了歡快的深奧體驗論者的朝聖之地。讓人感覺奇異的是，到了 1956 年，人們把那些我們在十五和二十歲之間崇拜的人物和書籍打上「先鋒派」的標籤。以紀堯姆·阿波利奈爾為代表的那批人，對於我們那些更加開悟的長者來說，他們已經成名十年了。

有這麼多分心的事情，我都不能想像自己怎麼樣能通過考試。該是讀大學的時候了，出於對建築的熱愛，我對家裡說我要學習美術。這個想法被眾人反對。家人不想我與放蕩不羈的文化人為伍。為了爭取時間和享受最大可能的自由，我報名了

聖威廉街的巴黎政治學院，但我並不打算履行學業上的承諾。在學校的掩飾下，我終於可以設法選擇我想要的生活了。

這是狂熱的生活！康拉德‧與路易‧布魯克斯的德國表現主義電影；新立體主義設計師重新為俄羅斯芭蕾的巴克斯特和貝努瓦舞臺設置布景。瑞典芭蕾呈現了真正先鋒派的作品。科克托的《艾菲爾鐵塔上的婚禮》由六人組作曲，舞臺設計由讓和瓦倫丁‧雨果負責，幕間節目是雷尼‧克雷爾和薩蒂操刀。契訶夫、季洛杜、格洛代爾，甚至是布魯克納的《青春病》這樣的存在主義先驅的作品都被一一演繹。這樣的表演通常不是在舊馬廄就是在即興劇院裡發生。我們在發掘傳統：非洲、中國、祕魯等地的藝術。我們擁抱所有古老的藝術。馬戲團有弗拉泰利尼，音樂廳或者歌舞表演有密斯丹格苔、舍瓦利耶、多莉姐妹，以及約瑟芬‧巴克，有無可爭議的現代主義歌後達米亞，有口吐蓮花般的拉克爾‧梅勒，還有福蒂內、布林韋爾和特雷內。芭貝特（美國雜技演員）在她的高空秋千表演中，以高超的技巧呈現了男人、女人和天堂鳥的混合之美。在那個時期，這些看起來達到一個創新高度的所有事情，都被繪畫、演講或是其他方式表現出來，讓文化程度不高的市民得到了很大享受。我的父母見我不務正業自然感到絕望，但他們的擔心並無必要。正是在這樣豐富多彩的精神享受中，我不僅培養起了個人品味，還交結了不少朋友。這些都為我日後成就嚴肅的事業帶來幫助。

第二章　友誼與困境

　　如果你問我：「你是怎麼樣遇到你的那些朋友的？」我會說正因我們來自不同的背景，所以我們純粹是隨機碰上的，或者說是冥冥中被歌德稱作「親和力」的神祕力量所牽引。我們有什麼相似之處嗎？我想我們中的一些把我們個性的印記留在了我們這個時代的藝術上。坦白講，我們沒有想過自己能夠歸入某一類當中，像是「七星詩社」、「百科全書派」、「巴比松派」或者是「洗濯船」這樣的社團。我們只是由科克托和馬克斯·雅各布牽頭的一群畫家、作家、音樂家和設計師的簡單聚會。

　　從巴黎政治學院退學之後，我費了好大的力氣讓父母同意我去學習音樂作曲。在薩蒂、斯特拉文斯基和六人組、阿爾科伊學院這些新音樂代表的激發下，我充滿激情地投入他們發起的音樂運動。我在家裡舉辦怪異的音樂晚會。我們坐在地板上，在當時慣常的半黯淡環境下，我們演奏的現代音樂足以讓長輩們陷入恐慌當中。在那些夜晚，我的父母總是飛也似地逃到他們的房間裡去避難。

　　一位後來成為外交家的荷蘭音樂家向我介紹了亨利·索格（Henri Sauguet）。他生動的眼睛在眼鏡片後閃爍出機靈的眼神，面部表情豐富，高高的個子顯得聰明又具幽默感。他身上所有如拉丁人般機敏的特質，在我這個又沉默又遲緩

的諾曼第人看來是那麼的耀眼。他已經挺有知名度，在我看來他是一個名人。他剛在香舍麗榭劇院辦完音樂會吧？他的演奏大受歡迎嗎？那一個晚上他在鋼琴上演奏了《法蘭西女人》。他的音樂能把所有不同的人都連繫在一起。如果上天賜予我成為一名真正藝術家的天賦，我曾夢想能夠寫出這樣的曲子。在他的初期演奏可以看到亨利·索格的影子，他從自發的、感性的和反學院派的風格裡面復活了。很快我們就成為了密友。透過他，我認識了我們時代最傑出的作曲家，接著，我又認識了這個時代最卓越的畫家。

　　他是一個好看的年輕人，消瘦和光滑的臉頰上長著碩大的藍眼睛，讓人覺得人類的臉和生活，比立體主義簡化了的靜物或者是抽象畫家幾何線條描繪出來的軀體更值得關注。他叫克里斯汀·貝拉爾（Christian Berard）。他的繪畫教人把日常生活轉變為充滿熱情和鄉思的神奇世界。我盡可能多地買他的畫作，把這些具有啟發性的畫作掛滿我房間的牆上。透過索格，我認識了皮埃爾·加索特，他對音樂、舞蹈的興趣和對歷史一樣濃厚。讓·奧澤恩是一位裁縫師，他對我有決定性的影響作用，儘管那時候我還沒有預見到自己的服裝設計師職業前景。那時候的聚會都是非凡的，充滿蒙帕納斯和英式的色彩。我們在那裡感受到了友誼的愉悅。我們當時戴的圓頂禮帽就相當於現在流行的高領針織衫，我們和現在的年輕人一樣，被同樣燃燒的好奇心所啟發。

像很多同齡的大學生一樣，我透過連續的推遲逃脫了兵役。但在 1927 年，當由 1925 年裝飾藝術展引發的浪潮已經消退，我還是參軍去了。我們家舒適的社會地位很自然地讓我成為了一個公開的無政府主義者，同時也是一個和平主義者。我拒絕了訓練營，而是到第五工程團成為了一名工程兵。幸運的是，我駐紮在凡爾賽，距離巴黎並不遠。我全新的簡樸生活讓我有時間思考和冥想。在退役之後，我必須選擇一個職業了。我考慮著一個非常明智的選擇，對於我父母來說這個想法簡直是愚蠢至極，我想要開一家藝術畫廊。

在對他們的反對置若罔聞後，他們給了我一大筆法郎，並開出了條件，我的名字不能出現在公司的名字上。在一家店面上出現一個人的名字，這在我父母看來是很不上檔次的事情。我可憐的父母，如果今天他們得知我的名字還會出現在一本書的封面上，他們會做何感想。我和朋友雅克·邦讓合夥，在相當骯髒的博埃蒂街盡頭的小巷裡開設了一家小畫廊。我們雄心勃勃地想要展示我們最崇拜的大師畫作：畢卡索（Picasso）、布拉克（Georges Braque）、馬諦斯（Matisse）、杜菲（Raoul Dufy），還有那些一些我們認識的、更為年輕的畫家的作品，他們已經獲得了高度的認可。貝拉爾、薩爾瓦多·達利（Salvador Dali）、馬克斯·雅各布（Max Jacob），以及伯格曼兄弟。如果我能把這些家人完全看不起的畫作保留至今，他們現在都已經是無價之寶了。作

為服裝設計師可賺不了這樣的大錢。

在馬克斯·雅各布的畫展上，我結識了一位剛從鄉下來的年輕詩人皮埃爾·科勒。他也成為了我的朋友。很快，他就放棄了作詩，成了畫商。他的才華、智慧和商業頭腦給他帶來了讓人目眩的成功。而由於他的早逝，一切又都成為了幻影。

我們經常一起去看望我們的老師兼朋友馬克斯·雅各布。他住在諾萊特街上一個奇妙的小旅館裡，它彷若一個豪華建築的微縮版，有著舒適的房間，適宜的價格，快樂的集體生活。這家諾萊特旅館吸引著大批氣質各異、天賦不同的年輕人前來，因為共同仰慕馬克斯、害怕迂腐、追求輕鬆愜意而聚到了一起。在笑聲和歡樂裡，我認識了莫里斯·薩克斯，已然是一名探險家的他正夢想著成為一名作家；時裝設計師喬治·熱弗魯瓦；業已成名的風景設計師爾賽勒·埃朗。在格拉塞做講師，尚未成為小說家的安德列·費紐。亨利·索格住在距離特呂弗街幾步遠的地方。他過去常過來和馬克斯一起編寫未完的輕歌劇。克里斯汀·貝拉爾為之構想和設計戲服。

在那些瘋狂的夜晚裡，不知出現了多少美妙的即興創作。伴隨著留聲機的音樂，馬克斯變成了我們當中最年輕的一個，扔掉鞋子，穿著紅襪子，一個人模仿芭蕾舞裡面的各種角色，在蕭邦的《前奏曲》中翩翩起舞。索格和拉貝爾用

燈罩、床罩和窗簾作為戲服，能把自己打扮成任何的歷史人物角色。早年的這些經歷讓我二十年後還能津津有味地在達拉斯和德克薩斯演繹「旅行中的服裝設計師」一角。1928 年是我無憂無慮青春歲月的一個巔峰，在我的記憶中將永遠是濃墨重彩的一筆。看上去一切都是成功在望的樣子。我的畫廊起步還不錯，足夠能讓我的家人放心。1925 年後，投機買賣的風潮讓那些原本不追求快錢的社會階層也趨之若鶩。所有的東西都追求有利可圖，無論是生意、藝術還是金融業。年輕人總是有著革命性的觀點，我和父親老起爭執，末了父親總是在摔門聲中留下可怕的痛罵：「骯髒的資產階級！」讓我驚慌失措。

1929 年，華爾街股市大跌，這是世界經濟大蕭條的前兆。但在巴黎這並未引起注意，那時候，美國還是一個遙遠的國家。我聽到朋友們擔憂時裝設計師們會突然失去新世界的顧客，但那時我尚未涉足這個產業。至於股票暴跌，可它某天就會漲回來。

1930 年，在假期行將結束的時候發生了一件怪事，這比金融危機更能警醒我。在我們的空房子裡，一面鏡子的鉤子鬆了，摔到地板上成了粉碎。馬上，厄運就降臨到這個一向快樂無憂的家庭。我的一位兄弟染上了一種不治的神經系統疾病。我親愛的媽媽，因為過度傷心而病倒離世。

現在看來，儘管這給我帶來不可磨滅的傷痛，但母親走

得早也是一件好事，她不必看到後來我們生活中的不幸。在
1931 年初始的幾天裡，我父親投資到房地產的錢全打了水
漂。家裡那些看上去牢靠的投資，土地、藝術品、繪畫，更
不用說股票了，都被低價拋售。

　　這一系列戲劇性的事件發生後，我「前往東方」。我急
迫地想要找到一個新的辦法解決資本主義觸發的問題。這驅
使我很天真地籌措了幾千法郎，和一群建築師一起去蘇聯，
來一場研習之旅。

　　我不知道赫魯雪夫（Nikita Khrushchev）治下的俄羅斯
是什麼樣子的，但我衷心希望當我們到達列寧格勒的時候，
那裡會有更充沛的陽光，以及能看到更多的笑臉。我們被質
詢調查，護照也被沒收了。在廣場上穿過的馬車，身邊的各
式臉龐和著裝都流露出貧困的氣息。我們這二十個學生看上
去倒像是百萬富翁。我想我也沒有必要事無巨細地描寫整個
旅程了，很多人都寫過而且都寫得比我好。我們嚴格按照計
畫的路線參觀，還有一位蘇聯旅行社的導遊小姐陪同。甚至
還有一位美國女孩自稱是旅行者要加入，但她很顯然就是一
個間諜，我們很快就甩開了她。我們的守護天使導遊小姐發
現我們總是難以保持隊型，她並不想我們看到隨處可見的可
怕貧窮景象。建築的表面已經坍塌；在偏僻的街上，一群面
無表情的人在沒有窗戶的店鋪前走過。外國人只能在指定的
酒店下榻，在 1914 年以前，這些酒店還稱得上豪華，現在早

就破敗不堪。食物簡直就像是戰時被圍城時候吃的那些，讓
我們一點食欲都沒有，然而行走又加劇了我們的飢餓。如果
沒有被臭蟲襲擾，我也許能欣賞伏爾加河單調的詩意。只有
高加索山脈，以及黑海岸邊，這俄羅斯的里維艾拉，由於氣
候得當，讓人覺得舒適和宜居。

　　1931 年的俄羅斯之旅充滿了驚喜。我驚嘆這個國家過去
的文明，為它可怕的現狀失望。我感到敬佩，這裡的民眾能
夠這樣低水準地生活而不對他們的未來和使命失去信心。儘
管貧窮混亂，但這個不朽的東方之國的影響力還是不容小覷
的。然而我還是認為在沙皇俄羅斯時代的生活標準要比現在
我看到的要好得多。我希望這樣巨大的犧牲是不被接受的，
是徒勞的。我們在領回護照，開船離開蘇聯海域的時候鬆了
一口氣。我們很高興重返西方，儘管有著金融危機，儘管我
家和千家萬戶一樣陷入了沮喪和憂慮當中。

　　這艘黑海貨輪的三等艙在我看來相當豪華。船上的貨物
就像是特拉布宗集市一樣，堆滿了各式的雜物，如同阿里巴
巴的寶藏洞。我們返航的路線風景如畫，我第一次看到了君
士坦丁堡和希臘。在旅程快要結束的時候，我感到自己將要
面對新的考驗。當我踏上法國的土地，我還不清楚自己要為
下一個新的命運之旅做準備。這被賽琳稱之為「通向黎明的
旅程」。

　　在馬賽，我收到了合夥人的電報，他告訴我他也破產

了。我很想知道將會發生什麼，而我又該怎麼辦，我要做出怎麼樣的決定。我的家人已經回到了諾曼第，他們已經不能再承擔巴黎的公寓了。我獨自一人，我第一次知道了生活的本來面目。

　　我離開了那個曾經是家的房子，因為住不起酒店，我得到別人家去尋找住處。我的朋友們都善良地歡迎我。我盡可能地保持安靜和不出風頭，他們也從來不曾察覺夜裡回來之後，我是如何的輾轉難眠。

　　我忙於出售店裡的畫，在那個惶恐的時期，這是一件艱難的任務。這些畫兒現在價值好幾百萬法郎，但那個時候幾萬法郎都難以賣出。像諾阿耶子爵和子爵夫人以及達維德‧魏爾這樣富裕的主顧和收藏家並不多見，畫商們被迫以越來越低的價格出售藏畫。哪一天出售的藏畫如果沒有蒙受巨大的損失就已經算是成功度日了。和雅克‧邦讓分開之後，我和皮埃爾‧科勒合作，結果卻每況愈下。我們損失慘重，被迫低價賣畫，但仍然繼續舉辦超現實主義或者是抽象派的畫展，結果只能把最後一批的私人收藏家都趕跑了。

　　經濟危機愈演愈烈。我必須幫補我那一貧如洗的家人，這種無望的現狀不止困擾著我，而是我們這一整代人。當我看到我的不幸是由好幾個志趣相投的同齡人一起分擔的時候，我們抱團渡過這難關。無數次，我已經厭倦待在門可羅雀畫廊裡面，就和瑪律塞勒‧埃朗跑到羅尚博酒店待上好幾

個小時。就像由迷人的多納小姐掌管的布瓦西當格拉路上的
武蒂耶蒙酒店一樣，這裡也可以無限期地賒帳。這很關鍵，
因為我們中的一些人決定，無論發生了什麼事情，我們就是
不付帳。這個絕望之地上的新生活法則，是由曾經最富有，
而現在最為落魄的莫里斯·薩克斯提出來的。

　　我們荒涼的畫廊最終結業了，但我們還得吃喝。善良的
穆瓦斯在夜裡招待我們，他經營著「屋頂上的公牛」酒吧。
他待我們如初，就像之前的那些好日子裡的時候一樣。其實
他的生意也受到大蕭條的影響，從布瓦西當格拉路搬到龐蒂
耶夫爾路一間快要拆遷的房子裡，同時調低價格，好保住這
頭曾經輝煌一時的「公牛」。有錢的主顧吃喝如常，他們不
知道這個大都會的會客所也是一群流浪者的庇護所。

　　後來，我到朋友邦加德（日後他在紐約接待了我）那
裡住。那是兩間慘兮兮的閣樓。所有的東西都留不住，先是
屋頂、水、電，然後是錢。這幢房子曾經有本傑明·佛蘭克
林入住的光輝日子，但現在注定要被拆除。然而對於年輕人
來說，沒有什麼能夠阻止他們大笑和享受好時光。那些還有
些謀生小路數的，總是急著要聚會。一天晚上，乘著幾瓶酒
的勁，在鋼琴和留聲機的助興下，我們驅逐著屋裡的老鼠，
那場景就像我們發明了一個新奇的娛樂玩意一樣。在化裝舞
會正當時的時候，邦加德和他的朋友，還有我，穿上天知道
是什麼的古怪服裝，從門到門地小跑，掩人耳目地混入假面

舞會當中。我們還不知道我們是在一座快要爆發的火山上面跳舞。

　　長期的焦慮加上挨飢受餓，我終於病倒了，病得很重，得馬上到高山療養院去治療。當時並沒有醫療保險這種東西，我的朋友們一起湊錢來幫我。由於他們的慷慨資助，我才能夠在一年間先後在豐羅默和巴厘阿里群島療養，那裡的生活費比法國要便宜得多。在遠離巴黎的這段時間，我滿足於能夠欣賞到其他人的藝術成就，這也激發了我想要創作一些自己的作品的想法。我學習了掛毯製作藝術，並對此傾注了很大的熱情。我也為掛毯畫了好些設計圖，並考慮成立一個工作室。但由於缺少資源，以及公眾對掛毯的興趣不大，而不得不作罷。無論何如，這次手工藝方面的嘗試讓我萌生了靠手吃飯的念頭。

　　當我回到巴黎，我發現家裡境況淒涼，他們幾乎已經賣掉了所有值錢的家當。我勸說他們變賣所有剩下的家當，搬到南法去居住。而我得找一份正規的工作。我不是不願意做諸如保險公司、銀行和會計這樣的工作，而是世事艱難，工作太難找了。我體會過那些失業的人最謹小慎微的焦慮狀態：害怕自己沒有及時來到閱報亭去看招聘專欄；倉促閱讀想要記下那些正在請人的地址；匆匆忙忙為的是趕在一大群其他找工作的人的前面。在這些無休止的找工作過程中，我遇到了呂西安・勒隆，想要找一份辦公室文員工作。我也不知道

是什麼驅使我突然脫口而出：「我想我更擅長做服裝設計方面的工作。」

那一刻起，我也暫時時來運轉了。我把還保留著的一幅巨大的杜菲的巴黎規劃地圖賣了出去。這幅畫原先是普瓦雷委託創作，用來在裝飾藝術博覽會上裝飾他的幾幅作品。幾年前，他破產了，把畫賣給了我。這筆意外之財讓我有了喘息的時間，也讓我暫時不用為了找工作而疲於奔命，我還能幫補一下家裡。讓·奧澤恩建議我搬去和他同住。他可愛的公寓就在亨利四世碼頭，塞納河的風景一覽無餘，聖路易斯島廣場和遠處的龐泰恩也盡收眼底。那時候沒有任何預兆顯示，在 1945 年之後，讓·奧澤恩會在戲劇方面取得巨大的成功，那時候他還是一名忙碌的時裝設計師。我看著他做設計，自己又沒事可做，開始打算學著他去做服裝設計。

讓不但鼓勵我，還給我傳授他的經驗，更在向他的常客展示設計的時候，把我的設計也帶上。我的一位美國朋友馬克斯·肯納也是一名時裝設計師，他教我使用噴筆和混色。我很大膽地給雜誌社寄去我的設計圖。一天晚上，讓勝利歸來。他賣出了半打我的設計稿，每張二十法郎。這是我第一筆以自己的創意獲得的收入，我簡直欣喜若狂。這一百二十法郎來自忠實朋友的幫助，就像漫漫長夜裡的一道曙光。在這個難以忘懷的時刻，我的未來已定。

我三十歲這年才在時裝業裡找到我真正的愛好和志向。

我回到南法去照顧家人，同時也在設計方面下苦功夫。儘管我熱愛藝術和我的那些藝術圈的朋友，但要說我根本不懂怎麼樣去揮舞一支鉛筆，這也真是讓人感到意外。兩個月以來我日以繼夜地構思，然後趕回巴黎。一大堆設計塞滿了我的口袋，我決心要在時裝界贏得一席之地。我設計的帽子被買家追捧，但是那些顯然缺乏靈感的服裝就要遜色得多。我的兩個朋友蜜雪兒‧布朗霍夫和喬治‧格夫雷不吝對我提出批評，促使我更加努力提升。在以賣設計稿為生的日子裡，我只能勉強糊口，為了賣出設計稿我得在顧客的等候室或者辦公室打發冗長的時間，但我仍得堅持下去。這個緩慢的過程讓我建立起個人聲譽，這漫長的兩年比起之前在並不合適我的產業裡苦苦掙扎工作要好得多，畢竟我是在自主選擇下打拼。

　　那時我住在帕萊波旁廣場的布格涅旅館。那裡的住客分為兩種，一種是前薩特時代的知識分子，他們後來成了花神咖啡館的常客。還有想要親近聖克羅蒂德和住在聖日爾曼街區的親戚的外鄉人。喬治‧熱弗魯瓦也住在那，他把我介紹給那時候已經名聲鵲起的羅貝爾‧皮蓋。他買下了一些我的設計稿，並讓我為他來季的服裝做些設計。我終於可以看見我的設計變成一件服裝。1937 年是我學徒時代的結束。我不再是不知名的、要在等候室閒呆著的設計師，我已經有了知名度，來客需要預約。最重要的是，我的事業已經步入正

軌，足以讓我實現人生中的一個重要目標 —— 有一所自己的房子。

那時候找房子相對容易。正當我在魯瓦亞勒大街上談設計稿的時候，看見了十號房子上的「出租」廣告。這房子有著五間大房間，都已經空置了一年多，如果我把房子租下，還能帶上樓下的那一層。我談妥了八千法郎一年的租金，把我的傢俱、藏畫和其他的一些個人物品一併搬了進來。

坦白說，這些房間一開始幾乎都是光禿禿的，但是有什麼關係呢，我有了自己的家。

1938 年，皮蓋搬到了香榭麗舍大道環島，並邀請我去他那做一名專職設計師。我很激動地立即接受了請求。終於我可以了解一件衣服從構思到成衣的神祕過程了。我帶著緊張又激動的心情找到了進入裁縫師的世界和工作間的入口，去發現剪裁和縫紉的祕密。皮蓋是一個有魅力但難以捉摸的大師。他喜歡耍手段，一雙藏著計謀的眼睛削減了快樂的光芒。和他一起共事並非易事。他欣賞我的創意，我為他設計的樣衣總是非常成功。我永遠不會忘記克里斯汀·貝拉爾把我 —— 作為「英吉利咖啡」款式的設計師 —— 介紹給瑪麗·路易士·布斯格的那一天。「英吉利咖啡」是一款犬牙花紋綴以蕾絲裝飾的裙裝，設計靈感來自《兩個小淑女》，在當季引發了巨大的轟動。沒多久，善於快速發現和鼓勵新人才的瑪麗·路易士·布斯格把我推薦給《哈潑時尚》的卡美

爾‧斯諾。我想此刻我是真的到達了時裝界的殿堂。

然而，事實上，比我的未來更為確定的攸關一年，1939年到來了。在災難來臨之前，總會爆發層出不窮的荒唐事。那是巴黎最流光溢彩的時刻。我們穿梭於不同的舞會，沉浸在夏帕瑞麗的超現實主義風格裡。面對不可避免的戰爭，我們決意放縱玩樂到底。

很快，「假戰爭」（指納粹德國在 1939 年進攻波蘭，和在 1940 年春天進攻挪威、丹麥之間的那段戰爭沉寂的時間）開始了。我輾轉於耶夫爾河畔的默安、阿涅斯索雷勒的鄉村，這樣的生活和我的雪紡、亮片世界大相徑庭。我和來自貝裡和帕耶萊特的農民們一起生活了一年，民不聊生。命運再次輪回。我再一次身無分文。我沒有任何積蓄，很快就忘記了怎麼樣做衣裳。第一次在鄉間生活的我，深情地愛上了這裡，產生了在土地上耕耘的情感。季節輪換，農作物不斷地神奇萌芽。感謝 1940 年六月的潰敗，我流落到了南法，很順利地就和在瓦爾附近的小村莊卡拉利揚與父親和姐姐團聚了。

在默安的經歷讓我發現自己有著濃烈的農民血脈，我決心和姐姐一起在家裡附近的小塊土地上開墾耕種。卡拉利揚有著適合種植蔬菜的優等土壤。這些蔬菜在全面管治時期總能在市場上賣個好價錢。我們清除了花朵和灌木，集中種植豌豆和菜豆。在沒有收成的那三個月裡，我們指著遣散時候發的八百法郎過活。

然後奇蹟發生了，最後一批准許進入法國的境外匯款來
到了卡拉利揚我的手上。在戰前的幾個星期，我把四或者
五幅畫（這些都是我那業已不存在的畫廊的剩餘藏畫）送
到了美國。在巴黎這些畫怎麼也賣不出去。馬克斯·肯納承
諾回到美國後會代為銷售，現在他透過迂迴的辦法給我寄來
了一千美元的收益。這讓我們有了渡過時艱、等待收穫的能
量。我們還打算把收成轉到附近的坎城市場上去賣。

　　很多巴黎人到坎城避難。我在坎城遇到了維克托·格朗
皮埃爾和馬克·德爾尼茨。他們在畫家的工作室裡組織戲劇
演出。我也有了公開表演的機會。儘管我還是忙於農活，期
間收到了撤離到里昂的《費加洛報》的來信。戰前，我的朋
友保羅·卡爾達蓋斯曾讓我在報紙的婦女版幫忙。我的設計
圖定期在那裡發表。現在他們讓我給他們寄去一些設計稿。
我也樂於借此機會保持設計的手感。

　　隨著地區間通訊的好轉，我們得知巴黎的生活正在逐步
恢復秩序。時裝公司重開工作室，並招聘成千上萬的工人。
失業已經讓他們顧不上愛國了。羅貝爾·皮蓋寫信給我，邀
請我回去繼續工作。對此，我猶豫了好長一段時間。我實在
很不喜歡回到戰敗恥辱的巴黎。我新養成的農民精神讓我懼
怕工作室裡處處受限和爾虞我詐的生活。我還得確保姐姐一
人能夠單獨掌管我們的農業投資。簡而言之，直到 1941 年年
底，我才決定接受羅貝爾·皮蓋的邀請。

當我最終來到巴黎的時候，我發現皮蓋為我的姍姍來遲感到尷尬無比。轉彎抹角了好一陣子，他坦言，因為厭倦了對我的等待，他已經另外聘請了一位年輕的設計師來取代我。他叫安東尼奧·卡斯提洛，之前在香奈兒工作。儘管我是在這樣不融洽的氣氛裡第一次得知卡斯提洛的名字，但這無礙於我們發展成為誠摯的好友。這個暫時的挫折最後變成了一個機會。保羅·卡爾達蓋斯對我的處境表示同情，把我介紹給呂西安·勒隆先生。而他當場就錄用了我。勒隆的公司是一個卓越的時裝設計學校。這裡有著良好手工藝的堅實傳統，這得歸功於納迪娜·卡桑德爾領導的一批優秀的裁縫師。我在皮蓋的公司呆了一年半，我在勒隆的公司 —— 他的公司規模更大 —— 學到了大量時裝產業的知識。

我不是一個人負責樣衣的製作，在戰前就追隨勒隆的皮埃爾·巴爾曼回到了他的工作職位。我們一起共事的這些年，彼此間並無任何的惡意競爭讓我們不和。對於時裝的愛超越了我們的自我。巴爾曼和我都不會忘記，儘管有著戰時管制和對公司要突然關閉的持續擔憂，勒隆還是傾其所知地教給我們產業知識。看上去輕浮的服裝業也會有讓德國人不滿的風險。幸虧我們的客源並不單一，得以支持我們撐到解放。

在解放的那年，勒隆正在準備冬季系列。幾周後，入城的盟軍驚訝地發現，勒隆向他們展現了一個生機勃發的巴黎時裝景象。

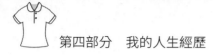

有時候我也想知道自己是怎麼樣熬過那些年的。我的姐姐──曾在卡拉利揚和我一起分享辛勞和快樂──被捕了，並在 1944 年被驅逐出境。所有尋找她的努力都徒勞無功，我只能全情投入工作中忘記這痛苦。

那時候的服裝業，只是為了方便搭乘地鐵、騎自行車或者是行走而服務，毫無美感可言。由於缺少布料，帽子的設計反而變得大膽。

那些不能再利用的殘餘布料拼湊成了帽子，它們看上去就像是巨大的泡芙，有一種無視我們生活著的悲慘時代的遺世獨立之感，在向我們的美感常識開炮。這種風格，匹配以陽剛的佐羅套裝，絕對是最醜的搭配之一。我很高興，不久後，我就能回擊這種醜陋。

第三章　自畫像

　　我們都有自己的小喜好，它們同時也是一種力量的源泉。在日常工作的枯燥乏味中，想起它們，會讓我們重生前進的動力。它也會讓我們獲得的物質成功更有意義。我們也因此豐富了各種滿足這些小癖好的途徑。我的愛好是什麼？我倒想先來談談我沒有的那些喜好。

　　除非是非常傑出的作品，我很少能從戲劇、電影或者是夜總會裡獲得樂趣。有時候我會問自己，為什麼我很少為劇院做設計，為什麼我的名字很少出現在海報或者節目單上。我認為，戲服設計和服裝設計是兩碼事。1939 年，我應瑪律塞勒·埃朗之邀，為謝立丹的戲劇《造謠學校》設計舞臺服裝。當時我還是在皮蓋公司工作的無名小卒。這些是我第一次具名設計的戲服。隨後，我又為好幾部電影和芭蕾演出設計舞臺服裝，但沒有一次是讓我覺得歡欣鼓舞的。設計舞臺服裝需要一種即興創作的能力，要為突出效果而犧牲手藝，這和我的脾性背道而馳。有一次，伯里斯·科奇諾和克里斯汀·拉貝爾邀請我為芭蕾舞劇《十三個女人》設計戲服，結果給我留下了恐怖的印象。在演員們準備向舞臺中央跳躍出去的時候，我們還在她們的背後縫製戲服。

　　我不喜歡那些娛樂活動，同樣也對閱讀不感興趣。除了巴爾札克（Balzac），我幾乎不看小說。我只對歷史書籍或考

古學書籍感興趣。

對繪畫的興趣，讓我開啟了第一份事業，開辦藝術畫廊。要給我的消遣列個清單的話，我會加上我很喜歡的紙牌。我會花上數小時玩橋牌，想要識破其中的詭計。我也會從卡納斯達（用兩組紙牌的橋牌遊戲）裡獲得興奮。也許這是一種智力貧乏的表現，我誠實地如是說。

我真正的愛好，你可能都已經猜到了，是建築。自打我是個孩童時起就為之著迷。由於家庭原因和周邊環境的影響，我對建築的熱愛難以得到滿足，但我在服裝設計上為它找到了一個出口。我把我的時裝設計想像成一種短暫的建築，讓女性的身體比例得當地煥發光彩。

服裝為我帶來的收入能讓我進一步滿足在建築方面的愛好。我第一個系列服裝的收入就足以讓我自由實現內在的建築家夢想。那時候我住在楓丹白露森林裡的一座鄉間小屋裡，與朋友皮埃爾和卡門·科勒為鄰。在這裡我開始我開始設計自己的鄉間住宅。它不能是一座古堡或者是一個週末度假別墅，它必須是一棟真正的鄉間幽居，要能體現部分的鄉間景致，如果有一條溪流穿過其間就更妙了。

在普羅旺斯的居住經歷讓我喜歡上了田園生活、耕種和園藝。我夢想擁有盧梭那樣的草堂。

後來在米伊附近，在讓·科托克使之名聲大噪的老法警的房子旁，我發現了一處被朋友稱作「沼澤中的廢墟」的

地方。這裡曾經是庫德雷的磨坊，它四周被流水環繞的環境深得我心。那些小型的、其貌不揚的建築曾經是馬廄、穀倉和磨房自身。這裡既沒有窗戶也沒有地板，圍繞著一塊馬蹄形的農家宅院而建。原來的屋頂和滿是苔蘚的圍牆仍保持完好。由前一個業主重新修復的一處山牆，品味惡俗。我第一件要做的事情就是用一把斧頭把他做的那些裝飾全部砍掉。我的房屋仲介在旁看得一愣一愣的。接著我專注於把房子改造成我想要的宜居風格。每個房間都有著各自大為不同的特色，讓我能夠以統一的風格裝修它們，但又不用擔心它們會變得單調乏味。我想把它打造成帶有裝修精緻的起居室的潔白鄉村房舍，我小時候就是在這樣的房子裡和親戚們團聚。總而言之，我想讓我的第一間鄉村房舍能夠讓人住下去，並且住得舒適。儘管重建的速度人為加快了，我還是努力地創造出自然和休閒的居住環境。

　　我把花園的修繕工作交給了值得信任的伊萬，他把我在弗勒里的房子化腐朽為神奇。圍於它的尺寸，我想把它改造成小巧的農夫花園。這種花園在我家鄉諾曼第道路的兩旁很常見。看上去好像很簡單，但要做到得把沼澤給排乾水，把河道和雜草都清除了，這樣才能重新賦予它花圃和流水。等我退休了，我將會隱居於此，傾聽米勒悠遠的鐘聲。

　　這處隱居之處還沒有完工，巴黎的房子就出了問題。巴黎的房子是用來應付職業上的社交需求的。在魯瓦亞勒大街

上的公寓被我一點點地裝修成世紀末的風格，現在已經不合時宜了。我只能搬離這裡，離開那四段樓梯，多虧了它，我才能不被美食所危害，控制住體重的上升。

　　我在巴黎遍尋新住所，除了帕西區。我是刻意逃避這種誘惑。當時社會上的風氣就是不惜代價地要住進第七區。但是似乎只有美國人才有能耐在蓋爾芒特找到空房。我在奧什和訥伊物色房子，但一無所獲。沒有什麼合適的。我在房屋仲介中留下了什麼都看不入眼的名聲，直到運氣再次降臨。

　　一天早上，我的仲介給我打來電話，他用疲憊的語氣告訴我：「我們找到了一個在售的房子，但不巧的是它就在帕西區的於勒·桑多大街。

　　那一刻，我經歷了普魯斯特著名的昔日重現的感覺。當我趕到房子那裡的時候，愉快地發現它就在我小時候居住的阿爾伯里克·馬尼亞爾街五十碼的距離內。在這個 1905 年，我出生的那一年建成的精緻的小房子裡，有讓我著迷不已的石柱陽臺。它是一種糖果盒風格的石柱陽臺，之前這裡住著一位女演員。我馬上就感到這就是屬於我的房子。儘管房子裡到處都是圖案、彩繪和線條裝飾，但布局還是讓人出乎意料的舒心。它的冬景花園立刻讓我回憶起格蘭維爾。我沒有半點遲疑，甚至沒有諮詢建築師，就拿下了房子，全身心地投入裝修。

　　這座房子是為了那位女演員而建。她在瑪麗劇院時期長

居聖彼德堡。由於她害怕虛無主義者刺客，那整個房子都用金屬板包裹起來。這個半堡壘半愛巢的房子，完全不是一個處於 1950 年的愛好和平的單身漢所需要的。帶著悔意，我決定把花環和邱比特、糟糕的門口、壁龕都拆掉。這些都拆除了之後，我想把房子改裝成地道的優雅的巴黎風格，就和我在楓丹白露的磨坊一樣，是地道的淳樸鄉村風格。我請來了三位裝飾大師 —— 維克托·格朗皮埃爾、喬治·熱弗魯瓦和來自讓森家的皮埃爾·德爾貝，我讓他們幫我打在一個真正的城市住宅。

　　房子裡擺滿了藝術品，價值不菲的或是便宜貨都有，只要對我的胃口，並且能表達我的個性。一幅馬蒂斯的畫和哥特掛毯並排懸掛，也有可能是一座文藝復興風格的銅雕和前哥倫布時期的原始人雕塑並排擺放。好品味不如對我的味，總之，總在一個不適合自己的房子裡就好比穿著別人的衣服一樣彆扭。我喜歡這種逐步營造出來的，能夠展現主人異想天開想法的氛圍。如果非要我給自己的城市住所一個確切的風格定義，它會是 1957 年的路易十六風格，一種現代樸實的版本。

　　在我寫完這本書的時候，我在普羅旺斯蒙托魯，距離卡拉利揚不遠的房子的裝修也接近尾聲。在卡拉利揚，我幸運地獲得了內心的寧靜。我沒辦法充分地描述這幢新房子，因為它尚未完工。它簡樸、牢固、莊重。我希望它的莊重能夠

代表我即將進入的生命中的下一個階段。我把它看成是我真正的家園，如果上天允許，有一天我退休了，我將會在這棟房子裡忘記克里斯汀·迪奧，忘記時裝設計師這個身分，我再次回歸到那個被我忽視了的自我當中。

　　在寫下這最後幾段文字的時候，我正在蒙托魯的家中。感謝命運的安排，我在普羅旺斯鄉村的平和寧靜裡完成最後的寫作。夜幕降臨帶來永恆的靜謐。蒙田大街看上去是一個非常遙遠的地方，我日間在葡萄園檢查果實，憧憬著豐收和美酒。啟明星升上夜空，透過窗戶對面的池塘可以看見它的倒影。

　　是時候讓兩個克里斯汀·迪奧面對面了：我和為我取得成功的暹羅雙胞胎兄弟。這是我們相會的好地方，在葡萄藤和茉莉花間，當我越是親近土地，我就越是自信。

　　我會為這次命定的會見做怎麼樣的總結呢？首先，他和我不屬於同一個世界。他生於這個時代並完全生活在這個時代當中，他喜歡帶來震撼和變革。我從來不曾失去諾曼第童年時候的簡樸品味和習性，我喜歡腳踏實地的作風。

　　正因如此，我也力求我的時裝是牢靠的。真正的奢侈品要求優質的材料和優秀的工藝。如果它不是根植於嚴肅的影響和誠實的傳統，它斷然不會成功。當前的這個時代由於缺少金錢，人們也不再輕浮；現代的服裝必須是直接和可靠的。服裝設計師要為一件衣服規劃它長期的用途，儘管它也許只

被穿一個晚上。為了花哨而花哨，為了誇張而誇張，這是舞臺服裝的事，不是時裝的。無論是在街上還是在休息室裡，時裝都要能體現優雅。它有著自己必須遵循的嚴格條例。

香奈兒小姐曾給時裝下過最好的定義：「時裝在創作一些美麗東西，儘管它會變得醜陋。而藝術在創作一些醜陋的東西，儘管看上去很美。」

我斗膽糾正一下香奈兒小姐的說法：時裝是會進行死後復仇的，星移斗轉，醜陋的東西又會變成審美。我們只是如蜉蝣一般活於當世，因此精準的設計、卓越的裁剪和工藝的品質能夠拯救我們。這也是為什麼我會對細節如此苛刻，因為事關優雅，細節如同根本的元素一樣重要。細節不周毀所有。

我的工作原則和我身邊許多朋友在其他領域的工作原則一樣。克里斯汀‧拉貝爾畫了一張被火焰吞噬了的臉，打破二十年來立體主義宣言中的僵死規定：不得描繪人像。弗朗斯西‧普朗克和亨利‧索格以抒情音樂對抗學究派作曲。皮埃爾‧加克索特用真摯的《法國史》來挑戰米什萊歷史學校的權威。在我的領域，我也做出了鬥爭。別人用什麼獲得成功，我不以為然。我認為時裝是自我表達方式的一種。我在時裝上注入了我的品味和脾性。一件樣衣必須穿著舒適，同時又能引人側目。作為一件服裝，它要遵守某些準則，但是作為一件創造物，它又必須有某種程度的誇張。在傳統的框架下，總有大膽發揮的空間。

　　某款時裝受歡迎或者不再受歡迎，原因比較複雜。最成功的時裝很快就會過氣，因為它總是會被過度模仿。顯然，只有制服才能夠經久不衰。總有些女性偏好某一類的服裝風格，因為在她們生命中最幸福的時光裡，她們就是這樣打扮的。銀絲白髮是這種怪癖的唯一藉口。

　　女人們總是對服裝興致昂揚，其中可上溯的歷史已經難以探究。但是就我們理解的時裝，可以追溯到十八世紀。除了著名的羅斯・伯汀（Rose Bertin），瑪麗・安東尼（Marie Antoinette）的裁縫，接下來的百餘年再也沒有裁縫能夠獲得媒體的關注。現在服裝設計師成為了報紙報導的常客，甚至還有出版社要他寫自傳。

　　這種改變是怎麼樣發生的呢？現代廣告已經把時裝宣傳到世界各地，也加速了它的節奏。但僅僅如此，是不足以讓人產生對服裝設計師的好奇的。我認為那是因為今天的時裝設計是世界上僅存的關於美好的回憶之一。時裝設計師是最後一批擁有灰姑娘裡仙女魔法棒的人。我們都想展示自己。表達自己的想法在內心深處休眠。不用轉向別處，今天的時裝就能做到自我表達。這就是為什麼雜誌上總是給時裝預留足夠的空間，時裝設計師們每一季總是盛大地推出新品。這一季的時裝也許只被那幾千個看過時裝雜誌，並且夢想穿上它們的女性穿過。高級時裝不需要直接地被每個人獲得。它只需要存在於能夠產生影響的地方就足夠了。

　　無論時裝是在哪裡流行，遲暮的，甚至是不合時宜的，它總是在捍衛想像的權利，被賦予輕浮的道德標準。當有人提出反對說優雅時裝的時裝和我們這個嚴肅的時代格格不入的時候，我總是說幸福的時代無疑正在路上，那時候這些輕浮的服裝就會完成自己的使命。從這種觀點看來，維護時裝傳統就是自然地實踐信仰。在這個世紀，每個產業都被揭祕，但服裝業仍能保守它的祕密。最能證明服裝的魔法的就是在目前時裝從未被如此多地討論過。

　　談起時裝，看似輕鬆，但我是一種極大的尊重來探討這件事情。即便是最不知情的人也能看出那些最出彩的服裝系列裡面包含著的心血。巴黎時裝設計中的大冒險並不只是一種名利場的追名逐利。它還是經典文明的一個外向象徵，它想要得到流傳。

　　突然間，我對這個公眾眼裡的我開始友好起來了。也許這個疲憊的服裝設計師還是有值得稱道之處的。他為時裝保證了光明的世俗一面，也保住了其從業者的生計。即使有時候過了頭，也是情有可原的，他們要保持公眾的品味線上。與此同時，我藏匿在他的光芒之下，在這雙重人格中最好地保留自我。我能夠做好設計到製作的實際工作，這就是我活著的全部理由。

　　所以，在我的公司創立十年之後，我終於願意承認我們倆，這個因我的名氣而誕生的人，其實真的和我一點也不像。

電子書購買　爽讀 APP

國家圖書館出版品預行編目資料

兩個 DIOR，「克里斯汀‧迪奧」的誕生：品牌
誕生 × 服裝彩排 × 大戰前夜 × 公司內幕 × 人
生經歷，時尚傳奇與其品牌最真實的紀錄 / [法]
克里斯汀‧迪奧（Christian Dior）著，邵天鳳
譯 . -- 第一版 . -- 臺北市：財經錢線文化事業有
限公司 , 2024.01
面；　公分
POD 版
譯自：Christian Dior and I.
ISBN 978-957-680-716-9(平裝)
1.CST： 迪 奧 (Dior, Christian) 2.CST： 時 尚
3.CST: 傳記
784.28　112021398

兩個 DIOR，「克里斯汀‧迪奧」的誕生：品牌誕生 × 服裝彩排 × 大戰前夜 × 公司內幕 × 人生經歷，時尚傳奇與其品牌最真實的紀錄

臉書

作　　　者：[法] 克里斯汀‧迪奧（Christian Dior）
譯　　　者：邵天鳳
發 行 人：黃振庭
出 版 者：財經錢線文化事業有限公司
發 行 者：財經錢線文化事業有限公司
E - m a i l：sonbookservice@gmail.com
粉 絲 頁：https://www.facebook.com/sonbookss/
網　　　址：https://sonbook.net/
地　　　址：台北市中正區重慶南路一段六十一號八樓 815 室
Rm. 815, 8F., No.61, Sec. 1, Chongqing S. Rd., Zhongzheng Dist., Taipei City 100, Taiwan
電　　　話：(02) 2370-3310　　傳　　　真：(02) 2388-1990
印　　　刷：京峯數位服務有限公司
律 師 顧 問：廣華律師事務所 張珮琦律師

定　　　價：350 元
發 行 日 期：2024 年 01 月第一版
◎本書以 POD 印製
Design Assets from Freepik.com